DANIELA ALBERT • **Kleine Kinder, starke Wurzeln – bedürfnisorientiert durch die ersten Jahre**

DANIELA ALBERT

Kleine Kinder, starke Wurzeln

Bedürfnisorientiert durch die ersten Jahre

Was christliche Familien wachsen lässt

neukirchener

FSC
www.fsc.org
MIX
Papier aus verantwortungsvollen Quellen
FSC® C014138

Bibliografische Information der Deutschen Nationalbibliothek:
Die Deutsche Nationalbibliothek verzeichnet diese Publikation in der Deutschen Nationalbibliografie; detaillierte bibliografische Daten sind im Internet über http://dnb.d-nb.de abrufbar.

Umschlaggestaltung: Kristina Dittert, FreiSinn, Essen
unter Verwendung eines Bildes © Jonas Mohamadi
Lektorat: Anja Lerz, Moers
DTP: Burkhard Lieverkus, Wuppertal
Verwendete Schrift: Scala Pro, Scala Sans, Summer Festival
Gesamtherstellung: Finidr, s.r.o.
Printed in Czech Republic
ISBN 978-3-7615-6899-6 (Buch)
ISBN 978-3-7615-6900-9 (E-Book)

www.neukirchener-verlage.de

Inhalt

Vorwort

Das erste, was mir in den Sinn kam als ich das vorliegende Buch von Daniela Albert gelesen habe, war: Warum gab es dieses Buch nicht als meine Kinder klein waren? Es hätte mir und uns als Ehepaar und junge Familie sehr geholfen. So anschaulich, liebevoll und doch klar und hilfreich schreibt Daniela Albert über Kinder, ihre Entwicklung, Eltern und die ganze Sache, die wir Erziehung nennen, so gut, dass ich fast Lust hätte, es nochmal zu erleben. Nur jetzt mit dieser wunderbaren Hilfestellung. Der zweite Gedanke war das alte Goethezitat von den „Wurzeln und Flügeln“. Zwei Dinge sollen Kinder von ihren Eltern bekommen, hat Johann Wolfgang von Goethe einst gesagt: Wurzeln, solange sie klein sind, und Flügel, wenn sie größer werden. Und in der Kindheit wachsen eben genau diese Wurzeln, die dem Leben später den Halt geben, aus dem die Flügel der Freiheit erwachsen. Dies beschreibt in der Tat wunderbar den Inhalt und das Anliegen dieses Buches. Man spürt bei jeder Zeile, dass da jemand schreibt, der Kinder liebt und das Beste für sie will.

Was dieses Buch so besonders macht

In den ersten Zeilen wird schon deutlich: Ich mag dieses Buch und wie es sich gehört, möchte ich noch erläutern, warum. Mindestens drei Dinge macht dieses Buch so besonders zu lesen:

1. *Biographisch und authentisch:* Kindererziehung ist ein sehr sensibles Thema, Eltern lieben ihr Kind und Ratschläge kommen oftmals nicht gut an. Daniela Albert ist selbst ihre erste Adressatin, sie bringt sich selbst ein, beschreibt wo sie scheitert, wo Dinge gelingen und nimmt die Lesenden mit in ihr Erleben und ihre Gedanken. Das hilft und so kann ich mich öffnen, identifizieren und manchmal sogar zustimmend schmunzeln, weil ich es ganz ähnlich erlebe. Diese ehrliche und frische Art macht es einem als Lesenden besonders leicht, sich mit einem nicht einfachen Thema zu beschäftigen.

2. *Fundiert und aktuell:* Aber das Buch geht weit über das Biographische hinaus, immer wieder streut Daniela Albert aktuelle wissenschaftliche Erkenntnisse ein, begründet so fundiert ihre Argumente und hilft mir als Leser:in diese nachzuvollziehen. Dabei übt sie auch vorsichtig und respektvoll Kritik an manchen christlichen Erziehungspraktiken der Vergangenheit, was wichtig und notwendig ist. Das hat auch die Familienstudie zur christlichen Erziehung „Zwischen Furcht & Freiheit" zu Tage gefördert, die sich intensiv mit Fragen der christlichen Erziehung auseinandergesetzt hat, wie zum Beispiel (körperliche) Strafe, Sexualerziehung, Geschlechterrollen und vielem mehr. Und gerade diesen zentralen Themen spielen in diesem Buch eine Rolle und sind beim Wurzelwachstum der Kinder enorm wichtig.

3. *Praxisnah und Alltagsrelevant:* Und all das ist so geschrieben, dass es gut verständlich und sofort anwendbar ist. Diese Praxisnähe ist ermutigend und wichtig, denn viele Eltern kommen gerade in der Kleinkindphase an ihre Grenzen und manchmal auch darüber hinaus. Da braucht es keine „Bess-

erwisserei", sondern einfühlsame konkrete Hilfestellungen für den Alltag und genau diese gibt Daniela Albert in ihrem Buch. Dabei hilft auch der klare Kapitelaufbau, der die wichtigsten Informationen gut zusammenfasst.

Ermutigend und leicht lesbar – auch zu zweit

Ein Tipp zum Schuss: Ich glaube, dass dieses Buch besonders gut in einer Partnerschaft zu lesen ist. Darüber zu reden, sich austauschen und vielleicht sogar gemeinsam überlegen, ob und wie man die praktischen Tipps gemeinsam umsetzen möchte.

Ich wünsche diesem Buch auf alle Fälle viele Leser:innen. Warum? Weil es uns unsere Kinder wert sein sollten.

Tobias Faix — Marburg, im Herbst 2022

Einleitung

Jedes Jahr, wenn der Schnee langsam schmilzt und die wieder heller werdenden Tage uns eine Vorahnung davon schenken, dass auch der längste Winter irgendwann zu Ende gehen wird, lege ich kleine Samen in jedes geeignete oder eigentlich ungeeignete Gefäß, was sich finden lässt. Natürlich habe ich sie alle vorher mit guter Anzuchterde gefüllt. Dann stelle ich all die kleinen Töpfchen, Gläser und leeren Klorollen auf die sonnigsten Fensterbänke in unserer Wohnung und warte. Jeden Morgen, sobald alle aus dem Haus sind, gehe ich sie besuchen. Ich gieße vorsichtig ein wenig Wasser auf die Gefäße und halte sehnsüchtig Ausschau nach dem ersten Grün. Je nach Pflanze dauert es einige Wochen, bis endlich der erste Stängel aus der Erde lugt. Es ist jedes Mal ein kleines Wunder, wenn neues Leben sichtbar wird.

In den darauffolgenden Wochen halten mich diese kleinen Wunder auf Trab. Sie wachsen nämlich schnell. Sie schießen in die Höhe, bilden zarte Wurzeln aus und bald sind die ersten Gefäße zu klein. Ich muss sie umtopfen. Letztes Jahr ist mir dabei eine Tomatenpflanze in der Mitte zerbrochen. Eigentlich wollte ich sie einfach wegwerfen. Aber dann entschied ich mich dafür, den oberen Teil in ein Glas mit warmem Wasser zu stellen – und siehe da – nach wenige Tagen sah man an der Unterseite dieser Pflanze kleine neue Wurzelstränge. Ich pflanzte sie wieder ein, und sie wurde in einem eher schlechten Tomatenjahr die, die mir am meisten Früchte schenkte.

Das Thema „neue Wurzeln schlagen“ schien mich im letzten Jahr zu verfolgen. Am Wochenende nach meiner erfolgreichen Tomatenrettung habe ich bei einer Freundin unter einem Haselnussbaum gesessen, den es nur gibt, weil ein anderer Baum stark beschnitten werden musste und die Besitzerin die abgeschnittenen Triebe neu wurzeln ließ.

Auch in meiner Familie war das Thema Wurzeln in dieser Zeit sehr präsent. *Ein Mensch mit Wurzeln hat Halt zum Wachsen,* so steht es auf der Homepage der weiterführenden Schule, auf die wir unsere mittlere Tochter letzten Herbst geschickt haben. Doch nicht nur für sie standen große Veränderungen an. Unsere Kleine wurde eingeschult, und auch unser großer Sohn beschritt neue schulische Wege in der nächstgrößeren Stadt.

Für meinen Mann und mich weitete sich die Welt ebenfalls wieder. Nach vielen Monaten Corona bedingtem Homeoffice wurde wieder die eine oder andere Dienstreise möglich, und auch in meiner Beratungspraxis durfte ich unter strengen Auflagen Familien empfangen. Wir spannten also unsere Flügel auf und verließen das Nest, das uns in dieser Pandemie einen sicheren Zufluchtsort geboten hatte, wieder für einige Zeit. Immer mit dem Wissen, dass wir dort auch weiterhin Halt finden würden.

Doch wie entstehen Wurzeln eigentlich? Was gibt uns den Halt zum Wachsen und was macht uns stark und mutig genug, um unsere Flügel auszubreiten? Wie können wir unseren Kindern in den ersten Jahren ihres Lebens Halt geben? Wann brauchen sie Autonomie? Und ist das alles nicht ungeheuer kompliziert?

Diese Wurzeln entstehen zu lassen, das merke ich immer mehr, ist ein dynamischer Prozess. Er erfolgt nicht geradlinig und nach Schema F. Es gibt dafür kein Patentrezept, das man nur umsetzen muss, und schon haben wir Kinder, die stabil und gut gehalten im Leben stehen. Es ist eher wie mit einer Pflanze, die wir immer mal wieder umtopfen oder umsetzen, weil das Gefäß nicht mehr passt oder der Standort ihren Bedürfnissen nicht mehr Rechnung trägt. Das klingt kompliziert, ist es aber gar nicht. Denn gleichzeitig sind unsere Kinder auch äußerst flexibel. Nur wenige Grundzutaten sind nötig, damit sie beginnen, ihre Wurzeln zu schlagen und zu wachsen. Sie gewöhnen sich schnell an neue Böden, Gefäße oder andere Umstände. Sie verzeihen, wenn wir sie dem einen oder anderen Ungleichgewicht ausgesetzt haben, und gehen nicht ein, sondern entfalten sich neu, wenn wir ihnen wieder eine passendere Umgebung bieten.

Um diese passende Umgebung und die Grundzutaten zum Wurzeln soll es in diesem Buch gehen. Ich möchte dich mitnehmen auf eine Reise durch die „kleinen Jahre" der Kindheit, die Zeit zwischen 0 und 6, die irgendwann mit einem winzigen, runzeligen und schreienden Bündel Mensch in deinen Armen beginnt und mit dem Abschied aus dem Kindergarten endet. Ich möchte mit dir sprechen, über Babyglück und durchwachte Nächte. Über Ängste und große Glücksmomente, über den ersten Tag in der Kita und die aufregende Vorschulphase. Denn alles, was in dieser Zeit passiert, trägt zum Wachstum der Wurzeln bei. Mit jedem neuen Tag bilden sich kleine neue Stränge aus. Andere werden dicker und fester – und alle krallen sie sich ganz fest in die Erde, in die du sie gesetzt hast. Während du deine alltäglichen Kleinigkeiten tust und dich womöglich fragst, ob sie genügen, entsteht verborgen und unsichtbar ein Geflecht aus Erinnerungen und Möglichkeiten, aus Chancen und Grenzen, aus Trost und Halt.

Als Mutter, die die „kleinen Jahre" nun endgültig hinter sich gelassen hat, schaue ich mit dir zurück. Als Familienberaterin, die oft Eltern durch diese „kleinen Jahre“ ihrer Kinder begleitet, mit all ihren Herausforderungen und stärkenden Momenten, weiß ich, wo es schwierig werden kann, und zeige dir Wege auf, mit Stolpersteinen umzugehen. Als Erziehungswissenschaftlerin gebe ich dir an den Stellen Fachwissen mit auf den Weg, an denen es wichtig ist zu verstehen, was in kleinen Menschen vorgeht. Ich räume mit Ammenmärchen auf, die uns als Eltern seit jeher das Leben schwermachen, weil sie von einer falschen Sicht auf Kinder ausgehen. Aber auch einige moderne Entwicklungen im Bereich der Erziehung und damit einhergehende Unsicherheiten und Überforderungen möchte ich mit dir kritisch betrachten. Statt uns im Kleinklein von Erziehungsansätzen zu verlieren, möchte ich immer wieder fragen: *Was brauchen wir als Familie wirklich, um gut durch die kleinen Jahre zu kommen und tief zu wurzeln?*

Ich habe dieses Buch in fünf Teile gegliedert, die sich jeweils mit einer Entwicklungsphase und ihren Herausforderungen und Freuden beschäftigen. In jedem Teil schauen wir auf die schönen Bereiche der jeweiligen Phasen und auf die anstrengenden. Da ich ein Fan von Ritualen bin, die uns im Alltag helfen, habe ich in jedem Teil ein paar Gedanken und Ideen für dich, die du in euren Alltag einfließen lassen kannst, wenn du sie als hilfreich empfindest. Und weil ich dieses ganze Mama-Ding nicht gern allein mache, sondern am liebsten mit Jesus an meiner Seite, habe ich auch immer einen kleinen Impuls zum Glaubens(er)leben in der Familie am Ende eines jeden Teils. Den Kapiteln, in denen ich dir viel Fachwissen gebe, habe ich immer einen kurzen Spoiler vorangestellt. Der soll dir helfen, wenn du gerade nicht viel lesen und aufnehmen kannst und nicht an meinen manchmal etwas ausschweifenden Erzählungen interessiert bist, sondern nur an schnellem Input zum Thema. Infokästen liefern kurze Erklärungen zu wichtigen Themen. Ich hoffe, dass dir dieses Buch die Reise durch die kleinen Jahre ein bisschen verschönert und sei es nur, dass du dich nicht ganz so allein fühlst mit all den Windeln und Fragezeichen, den Wutanfällen und Freudentränen, den langen Nächten und den ersten Wackelzähnen.

Unsere gemeinsame Reise durch die Kinderjahre beginnt allerdings nicht beim ersten runzeligen Schrei eines neugeborenen Erdenbewohners. Wir fangen viel früher an. Bei dir. Und bei mir. Kommst du mit?

Teil I

1. Auf den Spuren der eigenen Wurzeln

Das Wichtigste in Kürze:

- *Um unseren Platz im Leben zu finden, brauchen wir Nestwärme. Diese entsteht immer da, wo wir Verbundenheit und Freiheit zu gleichen Teilen erleben dürfen.*
- *Kinder ins Leben zu begleiten ist immer ein Zusammenspiel aus Halt geben und loslassen.*
- *Wie gut dir das gelingt, hängt auch immer mit den Mustern zusammen, die du selbst erlebt und dir angeeignet hast. Es ist gut, wenn du dir dessen bewusst bist, weil du dann vermeidest, aufgrund deiner eigenen Erfahrungen bestimmte Muster zu wiederholen oder ins extreme Gegenteil zu verfallen.*
- *Fragen, die du dir stellen kannst: Hattest du genug Halt in deiner Kindheit? Hattest du auch die Freiheit, eigene Erfahrungen zu machen und eigene Entscheidungen zu treffen? Fühlst du dich manchmal allein gelassen oder zu eng verbunden?*

„Mama, die Hubbel kitzeln im Bauch." Meine kleine Tochter lacht sich auf dem Rücksitz fast kaputt, als wir die alte, kurvige und hubbelige Waldstraße hinunterfahren, die ich seit meiner Kindheit so gut kenne. In meinem Bauch kribbelt es auch – aber nicht wegen des springenden Wagens auf der holprigen Landstraße, sondern weil mich diese Autofahrt mitten in eine meiner glücklichsten Kindheitserinnerungen hinein katapultiert. Wie oft habe ich selbst auf dem Rücksitz gesessen und bin diese Straße hinuntergefahren worden – von meiner Mutter oder meinem Vater. Wie meine Tochter heute hatte auch ich damals oft noch leicht nasse Haare, Chlorgeruch in der Nase und war auf eine unglaublich zufriedene Art müde. Beim Fahren über die Hubbel wanderten meine Erinnerungen meist noch einmal zurück zu der großen Röhrenrutsche im Hallenbad, die ich kurz vorher sicher zwanzig Mal gerutscht war – auch sie hatte Hubbel, die wunderbar kribbelten.

Heute fahre ich die Straße seltener hinunter. Ich wohne nicht mehr in meinem Heimatort. Es hat mich nicht weit weggetrieben, aber weit genug, um nicht mehr in dieses Schwimmbad zu fahren, und wenn doch, eine andere Straße zu benutzen. Doch an diesem Vormittag war einiges zusammengekommen. Es war zu kalt fürs Freibad, und die Hallenbäder in der Nähe hatten keine Onlinetickets mehr frei (für alle, die sich irgendwann einmal darüber wundern: Dieses Buch ist mitten in der Corona-Pandemie entstanden. In einer Zeit, in der etwas vorher Selbstverständliches wie ein Besuch im Hallenbad nur möglich war, wenn du schnell genug auf ein freies Zeitfenster geklickt hast). Da meine kleine Tochter aber gerade schwimmen lernte, wollte ich diesen Morgen unbedingt zum Üben nutzen, und so fuhr ich mit ihr in das Hallenbad meiner Kindheit. Normalerweise hätten wir die Autobahn genommen.

Doch wegen einer Baustelle musste ich eine andere Route über meinen Heimatort planen. Und da fuhren wir – auf einer engen kurvigen Straße zwischen zwei kleinen Orten, die dir nichts sagen, und die für mich einmal die Welt bedeuteten.

Ich bekomme an diesem späten Vormittag in meinem Auto einen regelrechten Nostalgieanfall. Ich belasse es nicht dabei, den Ort meiner Kindheit schnell über die Hauptstraße zu durchqueren und nach Hause zu fahren. Stattdessen biege ich in eine Nebenstraße ab und halte vor der Bäckerei. Dort sieht alles noch so aus wie früher. Nur die Auslage ist leerer. Aber das wichtigste Gebäck liegt da: Die Campingbrötchen. Solltest du jemals durch Dennhausen oder Dittershausen kommen, mach einen Abstecher zum örtlichen Bäcker und hoffe, dass er noch Campingbrötchen hat. Du wirst es nicht bereuen.

Wir kaufen ein paar Campingbrötchen, und ich erzähle meiner Tochter dabei, wie ich hier früher jeden Samstag unsere Frühstücksbrötchen geholt habe. Dann fahre ich noch einen kleinen Schlenker durch den Ort und zeige ihr, wo ich zum Kindergarten gegangen bin und wo die Grundschule war. Sie kennt bereits beides, denn meine Eltern wohnen noch hier, und wir sind regelmäßig dort. Nur sehe ich all das selten durch die Augen des kleinen Mädchens, das ich einst war. Und so zeige ich all die Orte wohl eher noch einmal mir selbst als ihr.

Selten gehe ich durch diesen Ort und sehe, fühle oder schmecke, was mir in meiner Kindheit Verbundenheit gegeben hat. Normalerweise fahre ich eher mit einem Schulterzucken durch, betrete mein Elternhaus, verlasse es, ohne nach links und rechts zu schauen, und fahre wieder weg.

Es ist nicht so, dass der Wohnort meiner Kindheit – mein Heimatort – eine Insel glückseliger Erinnerungen für mich ist. Im Gegenteil, manche Erinnerung ist schmerzhaft. Ich war wohl als Kind und erst recht als Jugendliche das, was man uncool nennt. Ich war klein, lange Zeit sehr kindlich, und obwohl ich eine große Klappe hatte, schon immer eher introvertiert. Zu allem Überfluss war mein Vater der Büroleiter der örtlichen Gemeindeverwaltung und Mitglied im Posaunenchor der Kirchengemeinde und ich somit bekannt wie eine bunte Hündin. Selbst wenn ich dort erwünscht gewesen wäre, hätte ich mich kaum mit Bier und Zigarette mit den anderen Jugendlichen auf der Treppe vor dem Supermarkt blicken lassen können. Ich blühte erst auf, als ich in die nächste größere Stadt zur Schule gehen konnte und hatte meinen Freundeskreis größtenteils dort. Kurzum – abgesehen von meinen Eltern verbindet mich heute eigentlich wenig mit meinem Heimatort.

Doch an diesem Tag merke ich, wie tief ich dort doch verwurzelt bin. Wie sehr mich die hubbelige Straße, die Treppe hoch zum Kindergarten, der Geruch der Grundschulturnhalle und der Bäcker mit seinen Campingbrötchen geprägt haben.

Natürlich sind es nicht die Campingbrötchen und nicht mal die schönen, hubbeligen Kurven für sich genommen, die dafür gesorgt haben, dass ich mich verwurzelt fühle. Für sich allein genommen hätten sie noch so schön sein können: Wurzeln gegeben hat mir der Ort, an den ich kam, nachdem wir die holprige Straße verlassen hatten. Der Ort, an dem ich meine nassen Badesachen aufhängen und die Campingbrötchen essen konnte. Der Ort, an dem es immer nach irgendetwas zu essen roch, und der Ort, an dem ich mich nicht vor den abschätzigen Kommentaren anderer Kinder oder dem Schrecken der Welt zu fürchten brauchte. Es war mein Zuhause. Dort wurde der Grundstein dafür gelegt, dass ich heute das Gute im Leben sehen kann. Dort habe ich nicht nur tief gewurzelt – dort habe ich auch alles mit ins Leben bekommen, um später auch anderswo neue Wurzeln schlagen zu können.

Nestwärme ist Autonomie und Verbundenheit

Doch was genau ist das, dieses „Alles“, das ich mit ins Leben nehmen musste, um stabile Wurzeln auszubilden, an neuen Orten dieser Welt immer wieder neu zu bilden und mich jeder Situation anzupassen, in die Gott mich bisher gestellt hat? Ich nenne es Nestwärme.

In ihrem Buch „Nestwärme, die Flügel verleiht“ beschreiben die Psychologinnen Stefanie Stahl und Julia Tomuschat, wie die Balance zwischen Bindung einerseits und Autonomie anderseits dafür sorgt, dass Menschen gut ins Leben wachsen. Wenn Kinder sicher an sie feinfühlig begleitende Erwachsene gebunden sind und ihnen zugleich zugetraut wird, sich im Rahmen ihrer Möglichkeiten selbständig zu entwickeln, entsteht ein stabiles Fundament, das auch im späteren Leben trägt.

Das Wort Nestwärme assoziieren wir oft eher mit Bindung als mit Autonomie. Das warme Gefühl eines Zuhauses scheint vor allem dort zu entstehen, wo wir Nähe und Geborgenheit erfahren haben. Da, wo immer jemand da war. Nestwärme ist dadurch entstanden, dass wir gesehen und gehalten wurden, dass uns jemand getröstet hat, wenn wir traurig waren, und Menschen da waren, die uns Sicherheit gaben, wenn die Welt uns bedrohlich erschien. Bis ins Erwachsenenalter hinein verbinden Menschen mit positiven Bindungserfahrungen ihr Elternhaus mit Sicherheit, Rückzug und Wärme.

Doch zur Nestwärme gehört genauso die Ermutigung, das Nest zu verlassen. Denn wenn wir zwar Sicherheit und Geborgenheit erfahren haben, aber gleichzeitig in unserer Autonomie gehemmt wurden, schwingt beim Gedanken an unser Elternhaus oft auch ein Druckgefühl mit. Vielleicht haben wir bis heute das Gefühl, dort zwar unfassbar geliebt zu werden und immer mit allem kommen zu können, aber gleichzeitig fällt es uns schwer, wieder wegzugehen. Menschen, die ihr Bedürfnis nach Autonomie in Kindheit und Jugend nur wenig ausleben dürfen, sind bis ins Erwachsenenalter häufig ängstlicher und weniger durchsetzungsstark.[1]

Als Menschen sind wir von Anfang an darauf angelegt, nach beiden Seiten zu streben: Wir wollen uns an jemanden binden, wir können tatsächlich auch gar nicht anders (mehr dazu im nächsten Kapitel), und gleichzeitig ist von Anfang an jeder Tag ein kleiner Entwicklungsschritt raus in die Welt und weg von unseren Bindungspersonen. Dies ist wichtig, denn Autonomie geht einher mit Selbstwirksamkeit und Selbstverwirklichung. Wir müssen eigene Entscheidungen treffen und eigene Wege gehen können, um die Menschen zu werden, die wir sind. Die einzigartigen Persönlichkeiten, die Gott sich ausgedacht hat.

Wurzeln müssen wachsen können

Gerade wenn es darum geht, stabile Wurzeln auszubilden, ist es wichtig, dass wir nicht in unserem Wachstum gehemmt werden, sondern uns in die Richtungen entfalten können, in die wir gehen möchten, und die für uns bestimmt sind.

Es geht also immer um das Zusammenspiel von beidem: Bindung und Autonomie. Halten und Loslassen.

Eine Pflanze, die zwar fest in der Erde verwurzelt ist, aber oben stark beschnitten wird, wird keine Früchte tragen. Allerdings würde eine, die in alle Richtungen wild und üppig wachsen kann, aber in der Erde kaum Halt findet, beim ersten kleinen Windstoß umknicken.

Die eigenen Erfahrungen wirken nach

Irgendwann waren wir einmal diejenigen, die Wurzeln ausbilden und ins Leben wachsen durften. Der Blick zurück auf diese eigene Wachstumsphase ist wichtig, wenn wir darüber nachdenken, wie wir unsere eigenen Kinder begleiten.

Stefanie Stahl und Julia Tomuschat schreiben dazu: „Haben wir als Eltern das Ziel, unsere Kinder so zu erziehen, dass wir ihnen die nötige Geborgenheit und Bindung wie auch die nötige Freiheit und Autonomie geben, sollten wir als Erstes einen Blick auf unser Elternhaus und unsere Zeit als Kind werfen. Das gibt uns wertvolle Hinweise darauf, wie gut wir von Haus aus in Balance zwischen Bindung und Autonomie sind.“[2]

Denn nicht selten ist auch in unserer Prägung das Pendel in die eine oder andere Richtung zu sehr ausgeschlagen. Das wirkt sich auch auf die Art aus, wie wir als Eltern mit unseren Kindern umgehen. Es ist möglich, dass wir den selbst erlebten Bindungsstil kopieren. Wenn wir selbst zu wenig Autonomie leben durften, kann es sein, dass wir diesen Zustand als „normal“ und „richtig“ abgespeichert haben. Oben erwähnte Anzeichen dafür, dass wir vielleicht in unserer Entwicklung auch gehemmt wurden, nehmen wir zwar wahr, bringen sie aber nicht mit unserer eigenen Erziehung in Verbindung. Auch wir tun uns vielleicht schwer, unsere Kinder in den richtigen Augenblicken loszulassen.

Es kann aber auch sein, dass wir längst spüren, dass es in unserer Kindheit ein Zuviel an Nähe und Begleitung gab, und dass wir das Gefühl, förmlich erdrückt zu werden, abgespeichert haben. Dann schlägt das Pendel in der Elternschaft häufig ins Gegenteil aus: In unserem Bestreben, nicht überbehütend und erdrückend zu handeln, überfordern wir unsere Kinder und setzen zu viel Autonomie voraus.

Hier genau auf die eigene Prägung zu schauen und sich erlebte Muster bewusst zu machen, ist ein sehr wichtiger erster Schritt, um mit den eigenen Kindern ein gutes Gleichgewicht zu finden.

Ähnlich verhält es sich auch mit der Nähe, die wir erlebt haben. Wenn unsere Bindungsperson wenig präsent und feinfühlig war oder wir mehr allein bewältigen mussten, als wir eigentlich konnten, hat das Spuren hinterlassen. Doch auch hier haben wir das nicht selten als normal abgespeichert. Erschwerend dazu kommt hier, dass ein wenig feinfühliger Umgang mit Kindern über viele Generationen als das richtige Maß in der Erziehung galt, alles, was dem nicht entsprach, hingegen als Verwöhnen. Viele Erwachsene haben dadurch die Haltung „Es hat mir ja auch nicht geschadet" entwickelt und geben so viel ihres eigenen Erlebens unreflektiert weiter. Spuren solcher negativen Bindungs- und Beziehungserfahrungen nehmen wir, ähnlich wie bei der Autonomie, zwar an uns wahr, bringen sie aber nicht mit unserer gegenwärtigen Realität in den Zusammenhang.

Genauso kann auch der bewusste Wunsch, es anders zu machen, ins Extreme ausschlagen. Eltern können aus dem Wunsch heraus, ihren Kindern genügend Nähe und Sicherheit geben, übersehen, wann sie deren Freiheit einschränken und Entwicklungsschritte hemmen.

Das innere Kind

Wenn wir näher betrachten, was uns in unserer Kindheit geprägt und was sich auch heute in unser Erwachsenenleben als Muster eingebrannt hat, ist oft vom inneren Kind die Rede.

Das innere Kind ist der Teil unserer Persönlichkeit, in dem unsere Kindheitsprägungen Einfluss auf unser Wesen haben.

Stefanie Stahl erklärt es folgendermaßen: „Das innere Kind ist sozusagen die Summe unserer kindlichen Prägungen – guter wie schlechter, die wir durch unsere Eltern und andere wichtige Bezugspersonen erfahren haben."[3] Die Psychotherapeutin Erika J. Chopich sieht in der Wahrnehmung unseres inneren Kindes eine wichtige Voraussetzung, um als heile und ganze Persönlichkeit zu leben.[4] Tatsächlich zeigt sich, dass gerade negative Prägungen aus unserer Kindheit auch im Erwachsenenleben häufig zu Schwierigkeiten führen. Wie wir die Welt heute sehen, hat viel damit zu tun, wie wir selbst als Kind angesehen wurden. Auch unsere Selbstwahrnehmung und unser Selbstwertgefühl werden von den Stimmen aus unserer Kindheit beeinflusst.

Sich mit diesem Anteil der eigenen Persönlichkeit auseinanderzusetzen, ist eine gute und wichtige Sache. Therapeutische Arbeit mit dem inneren Kind geht darüber hinaus und möchte gerade an den Stellen Heilung bringen, wo unser inneres Kind, also wir selbst, in unserer Kindheit verletzt oder vielleicht sogar traumatisiert wurde. Dies funktioniert über eine liebevolle Hinwendung zu diesen Persönlichkeitsaspekten. In einem sicheren, vertrauenswürdigen therapeutischen Setting ist diese Arbeit gut aufgehoben und kann helfen, Wunden aus der Vergangenheit zu heilen, statt sie mit in neue Beziehungen, beispielsweise unsere Partnerschaft oder die Beziehung zu unseren Kindern zu nehmen.

Nicht jedes Angebot zur Arbeit mit dem inneren Kind ist seriös

Mit Sorge beobachte ich allerdings, dass es immer mehr Angebote zur Arbeit mit dem inneren Kind in nicht-therapeutischen Settings gibt. Diese ist mittlerweile oft auch Teil von Beratungs-

und Coaching-Angeboten, Seelsorge, Wochenendseminaren und auch in Angeboten aus dem christlichen Milieu. Nicht immer ist ersichtlich, welche Qualifikation diejenigen mitbringen, die in diesem Bereich unterwegs sind. Einige Methoden und Thesen zur Arbeit mit dem inneren Kind sind in solchen Zusammenhängen auch krude. Natürlich spricht bei gesunden, mit sich im Reinen stehenden Erwachsenen prinzipiell nichts dagegen, den kindlichen Teil der eigenen Persönlichkeit auch bei anderen Lebensfragen unter die Lupe zu nehmen – immerhin ist die Wahrscheinlichkeit groß, dass er auch darauf Einfluss hat. Allerdings sollte man bedenken, dass auf diese Weise auch Dinge an die Oberfläche kommen können, die für Einzelne mitunter schwer auszuhalten sind. Besonders dann, wenn die eigene Kindheit nicht nur von Liebe und Geborgenheit geprägt war. Hast du selbst das Gefühl, dein inneres Kind könnte mehr mit sich herumtragen als kleine Abweichungen in der Balance von Verbundenheit und Autonomie, solltest du solche Angebote eher meiden. Ein professionelles, therapeutisches Setting jedoch kann in solchen Fällen wertvolle und nachhaltige Unterstützung leisten.

Neue Vorsätze und alte Muster

Beim Erkunden unserer eigenen Wurzeln werden wir einiges finden. Wir finden Freude und Schmerz, liebgewonnene Gewohnheiten und Rituale, die uns ins Leben getragen haben. Wir können dem Gefühl von Geborgenheit auf die Spur kommen und einen Sinn dafür entwickeln, wann und wie wir frei sein durften. Wir können in unseren eigenen Familienalltag aufnehmen, was uns gutgetan hat.

Doch genauso wird bei uns der Wunsch entstehen, Dinge anders zu machen als unsere Eltern. Vielleicht möchten wir unsere Kinder liebevoller und ohne Druck und Strafen ins Leben begleiten. Wir möchten auf Brüllen oder Drohungen verzichten, zuhören statt Vorträge halten. Es kann auch sein, dass wir selbst noch körperliche Gewalt als Erziehungsmittel erlebt haben und auf keinen Fall selbst dazu greifen wollen. All das sind gute Vorsätze, und sie sind wertvoll. Wenn wir mit unserer Art, Kinder ins Leben begleiten, von ungünstigen Verhaltensmustern abweichen, eröffnen wir unseren Kindern neue Möglichkeiten. Wir machen sie stark für die Zukunft. Gleichzeitig werden wir auf unserem Weg oft feststellen, dass solche Vorsätze leicht gefasst, in der Realität jedoch schwer umsetzbar sind.

Denn nicht nur die Verhaltensmuster unserer Eltern, die wir nie hinterfragt haben, haben sich bei uns eingeprägt und werden weitergegeben, sondern auch die, von denen wir eigentlich schon wissen, dass sie sich ungünstig ausgewirkt haben. Gerade in Stresssituationen ist unser Gehirn darauf ausgerichtet, zu wiederholen, was es kennt. Es kann sein, dass wir nicht brüllen wollen und es dann doch tun, wenn wir uns in einer schwierigen Situation unter Druck fühlen. Manchmal fällt uns am Ende dann doch nur die Androhung einer Strafe ein, wenn unser Kind nicht mit uns kooperieren möchte. Und fast jede Mutter und fast jeder Vater kennt diese Momente, in denen man sich reden hört und auf einmal klingt wie die eigenen Eltern – obwohl man doch nie so sein wollte.

Neue Pfade wollen ausgetrampelt werden

Solche Situationen sind kein Grund, den Wunsch es anders zu machen aufzugeben. Aber sie sind auch kein Grund, mit sich selbst allzu hart ins Gericht zu gehen. Wichtig ist, dass wir verstehen, dass es alte Muster sind, die auf einmal die Oberhand gewinnen. Vertraute Wege, die uns für einen kurzen Moment richtig erscheinen, obwohl wir eigentlich wissen, dass es Irrwege sind. Doch die gute Nachricht ist: Wir können auch neue Pfade austrampeln. Es gilt einfach nur, dass wir einen Weg viele tausend Mal beschreiten müssen, damit aus Gestrüpp ein Trampelpfad wird. Von daher lohnt es sich, immer wieder neu den eigenen Weg zu suchen, wenn wir mal falsch abgebogen sind.

2. Kuschel- und Kennenlernzeit

Das Wichtigste in Kürze:

- *Bindung entwickelt sich allmählich in den ersten drei Lebensjahren zwischen dem Kind und den Personen, die es am häufigsten und zuverlässigsten betreuen.*
- *Bindung bleibt aber auch in späteren Jahren dynamisch und veränderbar.*
- *Wenn Menschen uns feinfühlig und verlässlich versorgen und auf unsere Bedürfnisse eingehen, entsteht eine sichere Bindung.*
- *Die ersten Tage nach der Geburt sind zwar hilfreich für das Zusammenspiel zwischen Bindungsperson und Kind, aber nicht allein richtungsweisend für die Qualität der Bindung. Auch schwierige Situationen am Anfang des Lebens lassen sich hinterher gut auffangen.*
- *Auch Väter können primäre Bindungspersonen sein.*
- *Die Bedingungen im Wochenbett und in den ersten Monaten sind wichtig beim Bindungsaufbau. Bindungspersonen brauchen: Sicherheit, Entspannung und Versorgung.*

Ich liege fröstelnd in einem Krankenhausbett. Um mich herum sind drei andere Mütter. Sie stillen ihre Babys oder sehen ihnen verliebt beim Schlafen zu. Ich bin allein und starre an die Decke. Tränen laufen mein Gesicht herunter und landen in meinen Ohren. Ich bräuchte eigentlich ein Taschentuch. Aber ich will mich nicht aufsetzen. Ich möchte nicht versehentlich in die Gesichter dieser anderen Mütter schauen, ich kann das Mitgefühl in ihren Blicken kaum ertragen. Ich bin genervt von ihren Freunden und Verwandten, die sich um ihre Betten versammeln, und ich möchte sie anschreien, wenn sie leise flüsternd erzählen, dass mein Baby nicht bei mir ist, sondern *flüsterflüster* krank und im Intensivzimmer.

Natürlich stimmte es, was sie da ungeschickt dezent auf die Fragen ihrer Besucher antworteten. Das Baby, das ich am Vortag geboren hatte, war an Schläuchen und Kabeln und Überwachungsmonitoren angeschlossen. Mein kleiner Sohn, das schönste Baby der ganzen Welt. Das kleine, warme Bündel hatte eine Stunde lang auf meinem Bauch gelegen, bevor sich herausstellte, dass es ihm nicht gut ging. Wir beide hatten uns während der langen, anstrengenden Geburt eine Infektion zugezogen. Während meinem Erwachsenenkörper ein paar Stunden Ruhe und ein Tropf voller Antibiotikum reichten, brauchte das Baby länger, um damit fertig zu werden.

Und so verbrachten mein neugeborener Sohn und ich die ersten fünf Tage seines Lebens getrennt voneinander. Natürlich nicht vollständig getrennt, denn zum Glück weiß man heute auch in Krankenhäusern vom Wert des Bindungsaufbaus von Anfang an und wie wichtig es ist, dass Neugeborene Körperkontakt zu einer Bindungsperson haben und diese sie auch mitversorgt – gerade wenn sie krank sind.

Bindung kurzgefasst

Bindung kann man sich als eine Art Gummiband vorstellen, das von Beginn des Lebens an zwischen Kindern und ihren erwachsenen Bindungspersonen geknüpft wird. Während Kinder in den ersten Lebenswochen noch allen Erwachsenen gegenüber gleich aufgeschlossen sind, suchen sie sich nach etwa 12 Wochen die Person(en) als primäre Bindungspersonen aus, die sie am kontinuierlichsten, verlässlichsten und feinfühligsten versorgen.

Dieser Bindungsprozess entwickelt sich vor allem in den ersten drei Lebensjahren, bleibt aber auch danach dynamisch und veränderbar.

Bindung entsteht langsam

In früheren Zeiten war dieses Wissen kein Konsens. Vielleicht kennst du noch Bilder von Krankenschwestern, die eine ganze Reihe von kleinen Bettchen mit neugeborenen Babys durch die Gegend schoben. Sie wurden ihren Müttern für ein paar Stunden gebracht, nur um ihnen dann wieder weggenommen zu werden und den restlichen Tag auf der Säuglingsstation zu verbringen. Heute gibt es zum Glück das sogenannte Rooming-in, was bedeutet, dass Babys und ihre Mütter im selben Zimmer untergebracht sind. Während man in früheren Zeiten eine zu enge Bindung von Mutter und Kind fürchtete und deshalb auf frühe Trennung, Stillen nur nach festen Fütterungszeiten und wenig Körperkontakt zwischen Müttern und ihren Babys setzte, weiß man heute, dass es genau diese Faktoren sind, die ein kleiner, frisch zur Welt gekommener Mensch braucht, um sich gut zu entwickeln.

In den ersten Jahren unseres Lebens werden wichtige Grundsteine für unser Bindungsverhalten gelegt. Wie wir in dieser Zeit von den Menschen, die uns begleiten, versorgt und behandelt wurden, prägt unser gesamtes weiteres Leben. Wenn wir am Beginn unseres Lebens auf Menschen treffen, die feinfühlig auf uns eingehen, also uns beobachten, kennenlernen und so nach und nach ein Gespür dafür bekommen, was wir brauchen, und diese Bedürfnisse auch verlässlich befriedigen, binden wir uns sicher an diese Menschen.

Anders als oft fälschlich behauptet, sind die ersten Tage hier allerdings nicht zwingend richtungsweisend. Als Bindung endlich zum Thema in der Geburtshilfe und der Versorgung von Säuglingen wurde, hielt sich eine Zeit lang das Gerücht, dass ein komplizierter Anfang, so wie mein Sohn und ich ihn hatten, beinah zwangsläufig zu nicht sicheren Bindungsmustern führt. Zum Glück kann ich an dieser Stelle Entwarnung geben: Das Bindungssystem eines Menschen ist dynamisch und veränderbar. Zudem dauert die erste Phase des Bindungsaufbaus zwischen Kindern und ihren Eltern oder anderen ersten Bindungspersonen in etwa drei Monate. Dies kann als die Phase des Ankommens und Sich-Kennenlernens bezeichnet werden. Babys reagieren stark auf menschliche Stimmen, besonders auf die der Mütter, die sie schon aus dem Mutterleib kennen, aber auch alle anderen erwachsenen Personen sind für sie interessant.[5]

Der Unterschied zwischen Bindung und Bonding

Oft wird der Bindungsaufbau in den ersten Lebensmonaten auch mit dem sogenannten *Bonding* verwechselt. In der Geburtshilfe sind damit die ersten Stunden nach der Geburt gemeint, in denen Mutter und Kind stark von engem Hautkontakt profitieren. Es hat sich mittlerweile etabliert, dass Babys direkt nach der Geburt und so wie sie sind auf den Bauch ihrer Mütter gelegt werden und dort erst einmal ungestört bleiben können. Das ist eine gute Sache. Zum einen beruhigt dieser enge Kontakt zur Mutter das neugeborene Baby, das ja den sicheren Mutterleib verlassen musste und nun einer Vielzahl ungewohnter Reize ausgesetzt ist. Auch der Hormonhaushalt der Mutter, der sich durch die Geburt sowieso verändert, wird durch das Bonding noch einmal zusätzlich stimuliert. Dies kann das Stillen erleichtern und sich auf die gesamte Anfangszeit der Mutterschaft positiv auswirken.

Das Bonding ist eine gute und hilfreiche Sache, und ich bin froh darum, dass es in aller Regel heute auch in Krankenhäusern gefördert und Müttern und Kindern im oft etwas fließbandartigen Betrieb die Chance gegeben wird, sich auf diese Weise kennenzulernen, zu erholen und einen guten Start ins Leben zu bekommen. Gleichzeitig finde ich es auch hier wichtig zu betonen, dass damit kein Grundstein gelegt wird, ohne den das restliche Fundament nicht gebaut werden könnte. Das wäre auch tragisch, denn es gibt sehr viele Gründe, die dieser Kuschelzeit gleich nach der Geburt im Weg stehen. Manchmal brauchen Mutter oder Kind sofort medizinische Hilfe. Es gibt auch Mütter, die Kinder auf die Welt bringen, die sie nicht ins Leben begleiten möchten oder können. Auch diese Kinder können in Adoptiv- oder Pflegefamilien eine sichere Bindung mit denjenigen Erwachsenen aufbauen, die sie dann versorgen.

Die Rolle der Väter

Und natürlich steht dem Baby für den Fall, dass die Mutter medizinisch versorgt werden muss oder das Bonding aus anderen Gründen nicht möglich oder erwünscht ist, ein anderer, ebenso guter Partner zur Verfügung: Der Vater. Es hat sich gezeigt, dass die positiven Auswirkungen von Hautkontakt direkt nach der Geburt auf das Baby auch dann bestehen, wenn das Bonding mit dem Vater erfolgt. Mehr noch: Auch dessen Hormonhaushalt kann sich durch diese intensive Erfahrung ein Stück weit verändern, sodass auch bei ihm der Anteil an Hormonen steigt, die fürsorglicher machen, während der Testosteronspiegel sinkt.

Das Bindungssystem bleibt über Jahre veränderbar

Der wirkliche Bindungsaufbau hingegen dauert viel länger. Der bekannteste Bindungsforscher, John Bowlby, spricht von einer *Basis*, die in den ersten drei Lebensjahren gebaut wird, wobei sich die Forschung heute weitegehend einig darüber ist, dass auch danach noch Umbauten an dieser Basis stattfinden können und Bindungssysteme in gewissem Maße veränderbar bleiben.

Liebeskummer

Auch mein Baby und ich begannen mit der Bindungsarbeit noch im Krankenhaus, obwohl wir nicht dauerhaft beieinander sein konnten. Ich hatte das Glück, dass die Kinderkrankenpflegerinnen auf seiner Station sehr viel Wert auf engen Kontakt von Müttern und Babys legten. So konnte ich ein Zimmer in seiner Nähe bekommen und wurde zu jeder Tages- und Nachtzeit zum Stillen geholt. Zudem war ich jederzeit am Babybett willkommen, durfte meinen Sohn versorgen und jede Minute, in der er nicht am Monitor sein musste, zum Kuscheln nutzen. Nach zwei Tagen durfte er sogar stundenweise mit in meinem Zimmer sein. Die Veränderungen, die dieser enge Kontakt bewirkte, spürte ich vor allen Dingen an mir selbst, und zwar in den Momenten, in denen ich nicht bei ihm sein konnte. Das einzige Wort, was meine Gefühle annähernd (und trotzdem ziemlich unzureichend) beschreibt, ist Liebeskummer. In jeder Minute, in der ich nicht bei ihm sein konnte, hatte ich eine fast unerträgliche Sehnsucht nach diesem kleinen Menschen, den ich doch erst so kurz kannte. Wann immer ich ihn wieder in sein Krankenzimmer bringen und ohne ihn gehen musste, weinte ich bittere Tränen.

Bedingungen für gutes Zusammenwachsen

Und ja, ich will nicht verschweigen, dass uns diese schwierige Anfangszeit einige Steine in den Weg gelegt hat, die wir danach mühsam zur Seite räumen mussten. Da ich noch zwei weitere Kinder geboren habe, weiß ich, dass manche Dinge leichter entstehen, wenn man von Anfang an eng und ungestört mit seinem Kind zusammen sein darf. Als wir nach fünf Tagen aus dem Krankenhaus nach Hause kamen, tat ich mich schwer damit, umzuschalten und plötzlich die Hauptverantwortliche zu sein. Ich liebte diesen kleinen Menschen über alle Maßen, aber die Tatsache, dass ich *seine Mutter* war, erschlug mich auf einmal. Wir brauchten Zeit und Ruhe, um in dieser neuen Situation anzukommen.

Wie wir uns als Eltern in den ersten Wochen finden können und in unsere neue Aufgabe wachsen, und wie damit verbunden der Bindungsaufbau gestaltet werden kann, das hängt jedoch nicht nur vom Start ins Leben ab. Es hat auch viel damit zu tun, welche Bedingungen wir vorfinden.

Sicherheit

Unser neugeborenes Baby hat ein starkes Bedürfnis nach Sicherheit. Es ist in dieser neuen, unbekannten Welt mit Tausenden von Reizen gelandet, die es noch nicht versteht. Um sich geborgen zu fühlen, braucht es unsere Anwesenheit und Fürsorge. Doch Sicherheit ist in der Anfangszeit nicht nur ein kindliches Bedürfnis, sondern auch eins, das wir Eltern haben. Wenn wir die Aufgabe übernehmen, einen kleinen, hilflosen Menschen mit allem, was dazu gehört, durchs Leben zu begleiten, gelingt uns das besser, wenn wir uns selbst „in Sicherheit" wissen. In verschiedenen Teilen der Welt hat dieses Bedürfnis (wie auch die nachfolgenden) verschiedene Bedeutungen. „In Sicherheit" sein, das bedeutet mancherorts, dass nicht einmal so etwas für uns Selbstverständliches wie ein Dach über dem Kopf gegeben ist. Es kann bedeuten, dass man diese Sicherheit erst einmal neu suchen muss, weil man sie in der eigenen Heimat verloren hat oder nie finden konnte. In Sicherheit sein, das bedeutet für so manche Frau dieser Welt, dass sie eine Tür hat, die sie abschließen kann, um sich und ihr Baby vor Übergriffen von außen zu schützen.

Sicherheit in der Partnerschaft ist wichtig

Was diese Sicherheit angeht, sind wir erst einmal ziemlich privilegiert. Die allermeisten Frauen haben in Deutschland ein Dach über dem Kopf und Räume, die ihre sind, wenn sie ein Kind auf die Welt bringen und in das Abenteuer Mutterschaft starten. Doch das Sicherheitsgefühl ist oft sehr subjektiv. Für uns kann es bedeuten, sich erst einmal finanziell abgesichert zu fühlen und sich somit guten Gewissens die Zeit für sein Baby nehmen zu können. Sich in der eigenen Partnerschaft sicher zu fühlen, ist in vielerlei Hinsicht ebenfalls etwas, das Mütter im Umgang mit ihren Neugeborenen stärkt. Zu wissen, dass man sich auf die Person, mit der man zusammen Kinder ins Leben begleitet, verlassen kann, ist eine große Kraftquelle. Frauen hingegen, deren Partnerschaften unsicher sind oder die sogar psychische oder körperliche Gewalt fürchten müssen, haben es schwerer, ein eigenes Sicherheitsgefühl zu entwickeln. Hier ist es wichtig, dass andere Menschen einspringen und der Mutter zur Seite stehen – und notfalls auch ihren Schutz übernehmen.

Wer sich selbst in dieser Zeit nicht sicher und geborgen fühlt, hat oft auch Probleme, dieses Grundgefühl an das eigene Kind weiterzugeben und feinfühlig auf es einzugehen.

Stress vermeiden

Auch Stress wirkt sich ungünstig auf die Interaktion von Müttern (oder anderen Bindungspersonen) und Kindern aus. Er ist oft eng verknüpft mit dem Gefühl der Unsicherheit, und viele der oben genannten Faktoren sorgen dafür, dass Eltern ein hohes Stresslevel haben.

Darüber hinaus sind es oft eigene Erwartungen oder Erwartungen von außen, die Stress auslösen. Junge Mütter haben oft das Gefühl, neben der Versorgung des Babys noch viele andere Aufgaben übernehmen zu müssen. In unseren Köpfen spukt manchmal noch der Geist der Hausfrauen und Mütter der 1950er und 1960er Jahre herum, die ihrem Mann am Abend eine blitzsaubere Wohnung und ebenso glänzende Kinder präsentieren, und aus deren Küchen es nach Schweinebraten mit Rotkohl riecht, den sie selbstverständlich auch noch zubereitet haben.

Die Vorstellung von Fürsorge hat sich verändert

Abgesehen davon, dass diese Beschreibung natürlich eine Zuspitzung ist, die es auch in diesen Zeiten keinesfalls flächendeckend, sondern nur in privilegierten Schichten gegeben hat, muss man dazu wissen, dass in der Generation unserer Großmütter und zum Teil auch noch unserer Mütter Fürsorge für ein Kind ganz anders bewertet wurde. Es war nicht die Aufgabe solcher Mütter, ihre Kinder durch den Tag zu begleiten und an ihrer Seite zu sein. Die Bedürfnisse von Babys nach Nähe und Sicherheit waren wenig bekannt und spielten auch keine Rolle. Im Gegenteil: Die schon angeführte Angst vor zu enger Bindung führte dazu, dass den Müttern geraten wurde, ihre Kinder so oft wie möglich zu ignorieren. Babys wurden zu festen Zeiten gefüttert und sollten nach dem Hinlegen in ihren Wiegen bleiben, ihr Weinen wurde als Schrei nach Aufmerksamkeit fehlgedeutet, der auf keinen Fall beantwortet werden durfte, wollte man nicht kleine Haustyrannen heranziehen. In meinem Buch „Unperfekt, aber echt“[6] gehe ich sehr intensiv auf diese falschen Annahmen über Kinder ein und auf die Frage danach, wie sie entstanden sind.

Dass diese Frauen mehr Zeit hatten, um sich um Haushalt und das Wohlergehen ihrer Männer zu sorgen, liegt somit auf der Hand.

Nur sind wir heute glücklicherweise viel weiter. Wir wissen um die positiven Effekte sicherer Bindung und wie man diese aufbauen kann. Es fehlt uns allerdings manchmal noch an realistischen Erwartungen an das, was Eltern neben dieser Fürsorgearbeit noch leisten können. Meistens nämlich gar nicht viel.

Besuche im Wochenbett

Daneben ist es auch gut, sich zu überlegen, wen man in der Anfangszeit mit einem Baby gerne um sich haben möchte, und wen lieber nicht. Natürlich möchten alle gern vorbeischauen, wenn ein neues kleines Menschenkind diese Welt betreten hat. Dieser Wunsch ist nur allzu verständlich und kann gleichzeitig ziemlich viel Stress verursachen und sich ungünstig auf die Kuschel- und Kennenlernzeit auswirken. Uns wurde damals im Geburtsvorbereitungskurs geraten, Freunden und Verwandten zu sagen, dass wir die ersten vierzehn Tage gern unsere Ruhe hätten. Das leuchtete uns ein, und wir haben das auch so kommuniziert. Natürlich gab es Menschen, die davon ausgenommen waren: die engste Familie und auch die allerbesten Freunde durften kommen und unser Glück mit uns teilen. Alle anderen hielten wir noch eine Weile auf Abstand. Ich will nicht verschweigen, dass diese Regelung auch bei manchen Menschen auf Unverständnis oder Verstimmung stieß. Doch für uns war es ein guter Weg. Die meisten Gemüter beruhigten sich spätestens beim Anblick unseres süßen Sohnes einige Wochen später wieder, und letztlich war es auch eine gute Übung, uns und unsere Familie wichtig zu nehmen und die Interessen unserer Kinder nach außen zu vertreten, notfalls auch gegen Widerstände. Denn wenn eins gesetzt ist im Elternleben, dann, dass man das immer wieder wird können müssen.

Versorgung

Die wenigen Menschen, die wir in dieser Phase an uns herangelassen haben, waren keine Stressfaktoren, sondern eine große Hilfe. Sie kamen nämlich nicht nur, um unser kleines Glück zu bewundern, sondern um uns zu versorgen. Meine Mutter brachte jedes Mal mehrere Portionen Essen zum Einfrieren mit, die wir uns dann in den nächsten Tagen einfach auftauen und warm machen konnten. Noch immer verbinde ich das Wochenbett mit ihrer Bolognesesoße. Mein Vater bepflanzte unseren Balkon, und meine beste Freundin ging regelmäßig für uns einkaufen oder brachte Schoko-Schoko-Schoko-Kuchen vorbei (Schokoladenkuchen mit Schokostückchen und Schokoglasur, den braucht wirklich jede Mutter im Wochenbett!). Außerdem waren diese Menschen abrufbereit, wenn mal Not am Mann war. Besonders, als mein Mann wieder arbeiten musste, wusste ich das sehr zu schätzen. Ein Anruf genügte, und irgendjemand stand vor der Tür, um mich zum Kinderarzt zu fahren, ein viel zu großes, vom Postboten lieblos direkt vor die Wohnungstür gestelltes Paket hineinzuschleppen oder unseren Sohn eine halbe Stunde durchs Wohnzimmer zu tragen, wenn meine Arme und Nerven überlastet waren.

Das ist die Art von Besuch, die junge Eltern brauchen. Sie brauchen Menschen um sie herum, die sie versorgen und ihnen den Rücken freihalten. Sie brauchen Gäste, die Kaffee und Kuchen mitbringen und auch noch das Geschirr wegräumen, das schon vor ihrer Ankunft herumstand. Sie brauchen Leute um sich, die das Baby zwar zum Aufessen süß finden, aber letztlich kommen, um seinen Eltern zu helfen, und die auch dann nicht beleidigt sind, wenn sie den kleinen Menschen nicht auf den Arm nehmen dürfen, sondern stattdessen Pakete schleppen müssen.

Ratgeber sorgsam auswählen

Nicht so willkommen waren bei mir hingegen Menschen mit „guten Ratschlägen“. Nun habe ich als Erziehungswissenschaftlerin das Glück, dass ich auf die meisten Sätze, die man so als junge Mutter um die Ohren gehauen bekommt, schlagfertige Antworten parat hatte, die dem Gegenüber jedes Mal den Wind aus den Segeln nahmen. Doch ich weiß, dass Menschen, die vermeintlich besser wissen, was gut und richtig ist für das Kind, gerade frisch gebackene Eltern sehr verunsichern können. Mir hilft es bis heute, mir bei Fragen in Sachen Elternschaft (und im sonstigen Leben) gut zu überlegen, wer die Menschen sind, zu denen ich in dieser Hinsicht wirklich aufschaue, und von denen ich denke, dass sie mir etwas zu sagen haben. Welche Mutter, welcher Vater inspiriert dich? Wen beobachtest du, der es aus deiner Sicht mit seinen Kindern besonders toll macht? Wer passt in seiner Art, das Elternsein zu leben, zu dir und deinen Werten? Die Menschen, die dir dazu einfallen, sind die, deren Sätze Gewicht haben dürfen. Über das, was sie dir sagen, darfst du nachdenken (und auch hier steht es dir völlig frei, in Einzelheiten zu anderen Schlussfolgerungen zu kommen). Alle anderen sind nicht die Ratgeber deiner Wahl. Du kannst ihre Meinung zur Kenntnis nehmen, und, wenn du es schaffst, freundlich danke sagen und danach zulassen, dass das Gesagte deinen Kopf wieder verlässt. Das darfst du selbst dann tun, wenn ihre „Ratschläge“ Mahnungen und Horrorszenarien beinhalten, die dir blühen werden, wenn du nicht befolgst, was sie zu sagen haben. In aller Regel tritt niemals ein, was in solchen Gesprächen prophezeit wurde.

Weniger ist mehr

Neben netten Menschen, die einem diese Anfangszeit erleichtern, empfehle ich dir noch eine große Portion „weniger ist mehr“ für die ersten Lebensmonate deines Babys. Ein

Kuschelnachmittag auf der Couch mit deinem Baby, an dem du nichts machst, außer zu stillen, zu schlafen und dich zwischendurch von Hörbüchern, Podcasts, einer Serie oder deinem Handy berieseln zu lassen, mag sich nichtig anfühlen angesichts der Vielzahl von Möglichkeiten, die diese Welt bietet, doch in Wirklichkeit ist er pädagogisch hochwertig. Ich habe mir in den ersten Monaten mit meinem ersten Kind viele davon gegönnt. So haben wir Kraft gesammelt, nach dieser anstrengenden Krankenhauszeit. Während wir so dalagen, habe ich den kleinen Wunden, die die Zugänge, die uns für Medikamente gelegt wurden, hinterlassen haben, beim Heilen zugesehen. Ich glaube, im selben Tempo wie sie sind auch unsere seelischen Wunden geheilt. Die des Babys schneller, meine langsamer. Irgendwann waren die Einstichstellen nicht mehr zu sehen – und wir hatten unseren Weg in diese neue Lebensphase gefunden. Eine neue Mama hatte das Licht der Welt erblickt.

3. Müde und gefordert.

Das Wichtigste in Kürze:

- *Häufiges Stillen in den ersten Wochen ist normal und dient dem Einspielen des Stillprozesses.*
- *Dass Mütter/primäre Bindungspersonen sich stark gefordert fühlen, ist der Tatsache geschuldet, dass die anstrengende Arbeit der Versorgung von Babys nie als Aufgabe für einen Menschen allein gedacht war.*
- *Neugeborene können einige wenige primäre Bindungspersonen haben und sind nicht allein auf die Mutter beschränkt.*
- *Temperamente von Babys sind von Geburt an unterschiedlich und entscheiden wesentlich darüber mit, wie Alltag und Fürsorge gestaltet werden können.*

Heißes Wasser läuft über meinen Rücken und massiert meine verspannten Schultern. Es tut so gut. Mein altes Ich ist für so etwas ins Thermalbad gegangen, heute muss die heimische Dusche reichen. Früher habe ich mir ab und zu einen halben Tag Wellness gegönnt, heute ist es der pure Luxus, einige Minuten allein im Bad zu sein. Besser wären nur ein paar Stunden Schlaf am Stück, doch das scheint derzeit ein schier unerreichbarer Wunsch zu sein. Deshalb genieße ich, was ich habe. Seit der Geburt meines ersten Babys sind sechs Wochen vergangen, und heute Morgen bin ich tatsächlich mal allein. Mein Mann hat sich unseren Sohn geschnappt, ihn ins Tragetuch gepackt und ist Brötchen holen gegangen. Zum ersten Mal allein. Zum ersten Mal ist da kein kleiner Mensch in meiner Nähe, seit ich vor einigen Wochen mit diesem süßen Bündel aus dem Krankenhaus gekommen bin. Meine Gedanken sind in den letzten Wochen um Muttermilch und Windeln gekreist und um diesen kleinen Menschen, den ich da nonstop im Arm hielt. Wenn er gerade geschlafen hat, habe ich entweder auch die Augen zugemacht oder ein paar Folgen einer Serie geschaut.

Nun streife ich auf der Suche nach sauberen Anziehsachen durch unser Schlaf- und Arbeitszimmer, und mein Blick fällt auf einen Stapel Bücher. In einem Anfall grenzenloser Naivität hatte ich ihn mir kurz vor der Geburt noch aus der Bibliothek geholt. Immerhin hatte ich mir fest vorgenommen, auch im Wochenbett gelegentlich an meiner Dissertation zu arbeiten. Über diesen Vorsatz kann ich jetzt, sechs Wochen später, nur müde lächeln.

Eigentlich schade, denke ich kurz, denn ich arbeite mich gern durch solche Wälzer. Ich liebe es, Neues zu lernen und Dingen auf den Grund zu gehen. Im Moment passt in meinen

Kopf neben Babydingen nur noch die grobe Handlung irgendeiner Serie, in der ein paar Frauen die Farm ihres Vaters übernommen haben.

Zwischen Über- und Unterforderung

Das Leben schrumpft erst einmal ordentlich zusammen, wenn ein kleiner Mensch geboren wird. (Spoiler: Es weitet sich auch wieder!) Als frischgebackene Eltern geraten wir in einen Zustand, in dem wir uns gleichzeitig über- und unterfordert fühlen. Wenn ein Elternteil (meistens die Mutter) die Hauptverantwortung für ein Neugeborenes übernimmt, gibt es normalerweise den Beruf für eine Weile auf, und auch Hobbys müssen zurückstecken. Dinge, die vor Kurzem noch die Welt bedeutet haben und große Aufmerksamkeit erhielten, müssen hintanstehen. Manchmal fehlen die intellektuellen Herausforderungen, die bis dahin Teil unseres Lebens waren. Gleichzeitig scheinen wir die neuen Anforderungen kaum bewältigen zu können: Zerstückelte Nächte, Tragen, Stillen und Trösten fordern uns körperlich und sind auf eine ganz neue Art anstrengend. Oft kommt uns unser Tun gering vor. So als sei es nichts. Und gleichzeitig kommen wir oft nicht einmal zu den elementarsten Dingen, wie duschen, frische Kleidung anziehen, regelmäßig trinken und allein aufs Klo gehen.

Und, was hast du heute so gemacht?, fragte mich mein Mann in den ersten Wochen mit Baby manchmal, wenn er von der Arbeit kam. Gestillt, getragen, gewickelt, lautete meine Antwort meistens. Wenn man nicht selbst in dieser Schleife ist, kann man sich gar nicht vorstellen, dass diese drei Dinge eine tagesfüllende Beschäftigung sein können. Doch in den ersten Lebensmonaten eines kleinen Menschen sind sie es für die Person, die ihn hauptsächlich betreut.

Unsichtbare Schwerstarbeit

Es kann sein, dass du in den ersten Wochen nahezu stündlich stillst oder aber, dass Stillmahlzeiten sich lange hinziehen. Dazwischen gibt es oft kurze Schlafphasen. Dieses Verhalten ist normal, gerade in der Phase, in der sich der Stillprozess noch einspielt und ein neuer Erdenmensch sehr mit dem Verarbeiten von Eindrücken der Welt beschäftigt ist.

Aber natürlich erklärt das schon zu einem Gutteil, wie junge Mütter ihren Tag verbringen und warum du gefühlt „zu nichts kommst". Denn zwischen diesen Stillphasen gibt es ja genügend andere Dinge zu tun. Windeln müssen regelmäßig (oft nach jedem Stillen) gewechselt werden. Manche neuen Erdenbewohner spucken gern kleinere oder größere Mengen Milch wieder aus, und manchmal fließen Babytränen auch einfach so, aus Reizüberflutung, weil etwas im Bauch drückt (das ist aber viel seltener der Fall, als man so gemeinhin annimmt) oder weil der kleine Mensch einfach die Nähe seiner Bindungsperson braucht und nicht abgelegt werden kann.

Und so kommt es, dass du in dieser Anfangszeit eigentlich den ganzen Tag beschäftigt bist. Meistens mit Dingen, die ganz und gar unsichtbar sind. Denn keiner sieht, wie oft und wie lange du gestillt hast, wie viele Bodys du an diesem Tag wechseln musstest, wie oft du für dich selbst ein sauberes T-Shirt aus dem Schrank gekramt hast, und wie viele Stunden du mit einem Baby auf dem Arm auf und ab gelaufen bist, um so Trost zu spenden. Vielleicht nicht einmal du selbst. Im Gegenteil, vielleicht fühlst du dich sogar schlecht, weil du in den wenigen freien Minuten nicht noch Wäsche gewaschen, Geschirr gespült oder die Wohnung gesaugt, sondern stattdessen kurz die Augen geschlossen hast?

Stillen

In den ersten Wochen ihres Lebens trinken Säuglinge im Schnitt zehn bis zwölf Milchmahlzeiten pro 24 Stunden. Da Stillen jedoch nicht nur der Ernährung dient, sondern auch Teil des Bindungsverhaltens ist, möchten Babys nicht nur zur Nahrungsaufnahme, sondern auch zum Beruhigen oder Einschlafen an der Brust ihrer Mütter saugen. Auch sogenanntes Clusterfeeding, also Phasen, in denen Babys über Stunden immer wieder in kurzen Abständen angelegt werden möchten, ist normal. Dieses auch „Lagerfeuerstillen" genannte Verhalten kommt oft in den Abendstunden vor, wenn Babys die Nahrungsaufnahme und das Beruhigungssaugen im raschen Wechsel benötigen. Oft werden diese Phasen als Zeichen dafür fehlgedeutet, dass Mütter zu wenig Milch haben oder dass Babys einen Schnuller benötigen, um sich zu beruhigen. Beides ist aber nicht richtig. Im Gegenteil: Dieses Clusterfeeding hilft sogar dabei, dass sich der Stillprozess mittelfristig gut einspielt.

Keine Aufgabe für eine Person allein

Dabei ist das völlig unnötig, denn gerade in dieser Phase brauchst du diese Ruhezeiten. Kaum jemand, der ein Neugeborenes betreut, schläft nachts mehr als zwei bis drei Stunden am Stück, denn meistens behalten Babys ihre Stillrhythmen auch in der Nacht bei. Auch das ist ein total normales und auch gesundes Verhalten. Gleichzeitig ist es anstrengend für uns Erwachsene. Zwar hat Gott es netterweise so eingerichtet, dass stillende Mütter aufgrund von hormonellen Abläufen in ihrem Körper etwas besser mit Schlafmangel auskommen, als das normalerweise der Fall wäre, aber zu Wonder Woman werden wir dadurch trotzdem nicht. Das war auch gar nicht Gottes Plan. Er hat sich uns Menschen nämlich eher als Wesen vorgestellt, die in Gemeinschaft miteinander leben. Und in einer solchen Gemeinschaft hätten junge Mütter dann genug Entlastung, um sich zwischendurch zu erholen. Die Realität in westlichen Kleinfamilien sieht aber leider oft anders aus.

Die Pädagogin und Autorin Susanne Mierau zeichnet in ihrem Buch „Mutter sein – Von der Last eines Ideals und dem Glück des eigenen Wegs" die lange Entwicklung nach, die die Menschheit beziehungsweise vor allem unsere westlichen Gesellschaften genommen haben, bis hin zu den heutigen Verhältnissen, in denen die komplexe Aufgabe der Kinderbetreuung oft auf den Schultern von ein bis zwei Personen liegt. Sie schreibt: „Bei jenen Lebewesen, die sich so langsam entwickeln wie unsere Menschenkinder, ist zu beobachten, dass die Aufzucht von Nachkommen kooperativ stattfindet: Wir werden von sogenannten ‚Alloeltern' unterstützt: von Partnern, Verwandten (insbesondere nach deren Menopause) und anderen Bezugspersonen."[7] Über zehntausende von Jahren hat sich die Art und Weise, wie wir (zumindest hier im Westen) mit Kindern umgehen und wie Familien zusammenleben jedoch sehr gewandelt. Schon durch die Sesshaftwerdung des Menschen ist die Notwendigkeit, Kinder ununterbrochen eng am Körper zu tragen und vor den Gefahren der Wildnis zu schützen, geringer geworden. Später wurden Lebens- und Arbeitsraum immer mehr voneinander entkoppelt, was dazu führte, dass Väter immer weniger in die Versorgung der Kinder eingebunden waren. Für Martin Luther war Mutterschaft eine Kernaufgabe von Frauen und Quelle ihres Lebensglücks, während Männer die Weltgeschicke außer Haus zu lenken hatten. Gerade das protestantische Familienbild nach der Reformation hat dadurch eine starke Prägung erhalten.[8] Doch während auch Katharina von Bora bei der Versorgung ihrer Kinderschar im Schwarzen Kloster noch viele helfende Hände zur Verfügung standen und durchaus eine ganze Reihe anderer Aufgaben nebenbei wahrnehmen konnte, haben sich die Familienverhältnisse bis heute noch weiter verengt. Familien leben heute meistens für sich. 2015 wohnten nur noch in 0,5 Prozent aller Haushalte drei oder mehr Generationen unter einem Dach.[9] Mehr noch, immer häufiger leben Eltern von kleinen Kindern so weit von ihrer eigenen Herkunftsfamilie entfernt, dass regelmäßige Unterstützung im Alltag nicht möglich ist. Eine Aufgabe, die einmal für eine ganze Gemeinschaft gedacht war, wurde so vielerorts zu der von Müttern.

Väter als gleichberechtigte Bindungspartner

Auch was die Vaterrolle angeht, kommen wir nur langsam wieder dahin, wo unsere nicht sesshaften Vorfahren einmal waren – sie als gleichberechtigte Bindungspartner anzusehen. Hartnäckig hält sich das Gerücht, Väter seien gerade in den ersten Lebensjahren nur die Bindungspersonen zweiter

Wahl. Der Theologe *Johannes Hartl* schreibt in seinem Bestseller *Eden Culture* „In den ersten zwei Lebensjahren hat ein Baby genau eine primäre Bindungsperson, und in meinem Fall bin das nicht ich. Das Gehirn des Kindes ist nämlich noch nicht in der Lage, ‚umzuschalten'. Meistens ist die primäre Bindungsperson die Mutter. [...] Da der Körper der Mutter hormonell perfekt auf das Baby eingestimmt ist und durch das Stillen viel mehr weitergegeben wird als nur Nahrung, kann auch ich als Papa Mamas Rolle nicht voll ersetzen." Ich mag die Tatsache, dass Hartl das Bindungsthema in diesem Buch einer großen christlichen Leserschaft ins Bewusstsein ruft. Doch an dieser Stelle hat er Unrecht! Denn was er schreibt, stimmt nur in Bezug auf das Stillen. Wie auf den vorherigen Seiten beschrieben, erfüllt dieses tatsächlich einige wichtige Funktionen in den ersten Lebensmonaten von Kindern. Doch erstens ist das nicht der alleinige Bindungsfaktor, denn schließlich wachsen auch eine Menge nicht gestillter Kinder weltweit in sicheren Bindungen auf, wenn andere entscheidende Faktoren stimmen. Zweitens kann ein Vater abgesehen von der *nährenden* Funktion des Stillens alles andere gleichberechtigt übernehmen. Auch die These, dass ein Kind zu Beginn seines Lebens nur eine primäre Bindungsperson haben kann, ist durch die Bindungsforschung widerlegt. Babys können sich zwar an wenige, aber doch mehrere Personen binden. Die Bindungsforscherin Fabienne Becker-Stoll schreibt dazu: „In den ersten Lebenswochen reagieren Säuglinge jedoch noch allen Personen gegenüber freundlich und zugewandt. Dies erhöht – evolutionspsychologisch betrachtet – die Wahrscheinlichkeit, eine Bindungsperson zu finden. Erst durch die wiederholten Erfahrungen mit einer bestimmten Person und die daraus entstehenden Erwartungen fängt das Baby an, seine Signale immer mehr auf eine oder einige wenige Personen auszurichten, woraus sich im Verlauf der nächsten Monate eine Bindung entwickelt."[10] Wir sehen also, es kommt darauf an, welche Personen von Anfang an genügend Präsenz im Leben eines neugeborenen Babys zeigen, um die Funktion einer zusätzlichen primären Bindungsperson entwickeln zu können. Wenn Paare es sich so einrichten, dass sie in den ersten Lebensmonaten ihres Kindes beide viel Zeit mit dem Baby verbringen können, ist auch eine gleichwertige Bindung an beide möglich. Dies erleichtert in den darauffolgenden Monaten oder sogar Jahren viel. Genauso ist es natürlich möglich, dass ein im Haushalt oder in der Nähe lebender Opa oder eine Oma oder eine andere nahestehende Person von Anfang an so präsent ist, dass sie vom Kind als Bindungsperson erkannt wird.

Bindungsarbeit bleibt oft Müttersache

Es wäre wünschenswert, dass jede Familie über die Möglichkeiten verfügt, die sehr fordernden Bindungsaufgaben am Anfang eines Menschenlebens auf mehrere Schultern zu verteilen. Leider ist das oft nicht der Fall. Die verschiedenen Reformen der Familienförderung haben zwar dazu geführt, dass Elternzeit von Vätern nicht nur stärker gefördert, sondern in der Gesellschaft auch zunehmend besser akzeptiert wird. Dennoch reicht die Art der Förderung in vielen Familien nicht dafür aus, beiden Elternteilen gemeinsam viele Monate lang zu ermöglichen, sich um ihr neugeborenes Kind zu kümmern. Aufgrund der biologischen Bindungsvorteile von Müttern und der Tatsache, dass sie in den ersten zwei Monaten nach der Geburt sowieso nicht arbeiten dürfen, bedeutet das meistens, dass sie die Versorgung des Kindes größtenteils allein übernehmen und die Väter für die finanzielle Absicherung der Familie zuständig sind.

Jedes Familienmodell ist wertvoll

Solltest auch du in dieser Konstellation leben, möchte ich dir sagen, dass das völlig in Ordnung ist. Oft erlebe ich gerade in der christlichen Community, dass Frauen, die dieses Lebensmodell leben, sich dafür nicht wertgeschätzt und irgendwie aus der Zeit gefallen fühlen. Der gesellschaftliche Aufbruch in Richtung mehr Gleichberechtigung bei der Fürsorgearbeit ist richtig und wichtig. Das bedeutet aber nicht, dass traditionelle Familienkonstellationen dadurch falsch geworden wären. Wir wissen, wie wichtig es ist, dass kleine Menschen eine verlässliche Bindungsperson an ihrer Seite haben, dass sie in ihren Bedürfnissen gesehen und feinfühlig betreut werden. Wenn das in eurer Familie am besten funktioniert, wenn ihr das klassisch aufteilt und du glücklich in diesem Lebensmodell bist, dann ist das ein wertvolles Stück Arbeit am Reich Gottes, das du da leistest! Kleine Menschen sicher gebunden und liebevoll umsorgt ins Leben zu begleiten, ihnen im Umgang mit Gefühlen zu helfen und sie sensibel zu machen für ihre eigenen Bedürfnisse und die anderer Menschen, das ist eine Tätigkeit, die das Potenzial hat, die Welt zu verbessern. Man weiß heute viel über die Chancen, die eine sichere Bindung für die Menschen, die sie erfahren dürfen, in sich birgt. In meinem Buch *Unperfekt, aber echt* beschäftige ich mich viel mit dieser Frage. Letztlich kann man sagen, dass es darum geht, Menschen ins Leben zu schicken, die sich geliebt, gehalten und gesehen fühlen und aus diesem Wissen heraus andere lieben, halten und sehen können und außerdem keine Angst haben müssen, dass sie zu kurz kommen, weil sie tief in sich die Erfahrung verankert haben, dass für sie gesorgt ist. Dieses Grundgefühl, ein Urvertrauen, bekommen sie durch die Fürsorgearbeit, die ihre Bindungspersonen leisten. Wenn das gerade deine Aufgabe ist, dann darfst du sie annehmen, und ich wünsche dir, dass du weißt, dass deine Leistung nicht weniger wert ist als das, was jemand anders in einer Berufstätigkeit oder einem Dienst in deiner Kirchengemeinde tut.

Fürsorgerollen dürfen sich verändern

Fürsorgerollen in Familien sind aber zum einen eben nicht gottgegeben und in Stein gemeißelt, sondern von den Umständen abhängig, und – wie wir im Weiteren noch sehen werden – auch dynamisch. Außerdem ist es mir wichtig, Druck von den Schultern von Müttern (oder Vätern in der gleichen Situation) zu nehmen, indem ich aufzeige, dass die Fürsorgearbeit ein Mammutjob ist, der eigentlich nicht für eine Person gedacht war. Es ist, als würde in einer Firma ein komplettes Team ausfallen und übrig bliebe eine Person, die nun das Projekt allein stemmen muss. Man würde wahrscheinlich schnell dafür sorgen, dass neue Leute eingestellt werden. Bei Müttern hingegen ist es in Vergessenheit geraten, dass da eigentlich mal ein Team hätte sein müssen. Sie haben den Job längst allein und sind zusätzlich noch mit einer ganzen Reihe gesellschaftlicher Erwartungen konfrontiert.

Weniger ist mehr

Dabei ist es wichtig, selbst ein realistisches Bild davon zu behalten, was man in der Zeit, in der die eigenen Kinder sehr klein sind, leisten kann. Das ist natürlich immer unterschiedlich. Es hängt von verschiedenen Faktoren und auch ein Stück von der eigenen Persönlichkeit ab. Allgemein finde ich aber den Spruch „Weniger ist mehr" immer treffend, und er gilt für alle Bereiche. Die Vorstellung, in allen Lebensbereichen nur so viel zu machen, wie einem selbst guttut, ist sehr hilfreich. Manche Menschen kommen sehr gut im Chaos klar, andere brauchen ein wenig Ordnung um sich herum. Einigen fällt es sehr leicht, diese Ordnung zu schaffen, weil sie ein Grundsystem haben und einen eingespielten Ablauf, der es ihnen ermöglicht, auch in stressigen Zeiten einen gewissen Rahmen zu halten. Andere funktionieren so nicht. Ich finde es hier wichtig, dass du dich selbst so annimmst, wie du eben bist und guckst, was für euch geht und was vielleicht anders organisiert werden muss.

Nicht zu viele Babykurse

„Weniger ist mehr" empfinde ich auch dann hilfreich, wenn es um Termine und die Frage geht, was man mit seinem Baby im ersten Lebensjahr machen will. Es gibt mittlerweile einen ganzen Geschäftszweig mit Angeboten für Eltern und Babys. Von PEKiP über MALIBU, Pikler-Gruppen, Eltern-Kind-Kreisen, musikalischer Früherziehung für Babys, Babyschwimmen bis hin zu Gruppen, die von sich behaupten, Synapsen zu verändern, indem im Beisein von Neugeborenen eine Fremdsprache gesprochen und gesungen wird, ist alles dabei. Oft werben solche Anbieter mit großen Versprechungen, was die späteren Bildungsvorteile solcher Angebote angeht, und manchmal sogar mir angstmachenden Botschaften, die suggerieren, dass wichtige Zeitfenster verpasst werden könnten, sollte man dieses oder jenes seinem Kind jetzt vorenthalten. Doch hier ist Vorsicht geboten und eine ganze Menge Differenzierung nötig. Es stimmt, dass viele dieser Angebote wissenschaftlich gut erforscht sind und eine positive Auswirkung auf die Entwicklung von Babys haben können. Besonders für gut durchgeführte Angebote im Bereich des Babyschwimmens, aber auch für das Prager Eltern-Kind-Programm (PEKIP) gibt es mittlerweile zahlreiche Belege.[11] Allerdings ist gerade in Familien, in denen auch zu Hause viel Wert auf Bindung, gemeinsame Zeit und Beschäftigung gelegt wird, der Effekt solcher Kurse langfristig weniger relevant. Viele andere Angebote sind hinsichtlich ihrer Auswirkung auf kindliche Bildungsbiografien auch noch fragwürdig. Eins jedoch ist aus der Forschung auch bekannt: Solche Kurse unterstützen *Eltern* beim Übergang in ihre neuen Rollen und ermöglichen Kontakte zu Menschen in gleichen Lebenssituationen. Wenn es also um die Frage geht, welche Angebote *du* in den ersten Lebensmonaten nutzen möchtest, solltest du dir überlegen, was du selbst in dieser Zeit brauchst.[12] Ich finde es total in Ordnung, dann auf die eigenen Interessen zu schauen. Wenn du gern im Schwimmbad bist, hast du vielleicht zusammen mit dem Kind eine gute Zeit beim Babyschwimmen, während jemand anders das ganz furchtbar finden würde (und es genau deshalb lassen sollte). Andere fühlen sich am wohlsten im Krabbelkreis der Kirchengemeinde oder einem pädagogischen Kurs mit besonderer Ausrichtung. Wer schon immer gern Englisch gesprochen hat, hat vielleicht wirklich Spaß an einem Treffen mit anderen, bei dem diese Sprache gesprochen wird.

Daraus lässt sich auch ableiten: Niemand muss sich mit dem Gedanken stressen, eine möglichst große Fülle solcher Angebote zu nutzen. Manche Eltern sind gern unterwegs und mit anderen zusammen, und zu Hause fällt ihnen eher die Decke auf den Kopf. Wenn das dann auch zum Gemüt des Babys passt, werden pro Woche wahrscheinlich ein paar mehr Angebote wahrgenommen als in einer introvertierten Familie, in der auch das Baby schnell reizüberflutet ist. Wichtig ist es, auf das eigene Wohlbefinden und das Temperament des Kindes zu schauen und durch Ausprobieren und Korrigieren den eigenen, richtigen Weg zu finden.

Angeborene Temperamente

Das Temperament des neugeborenen Babys wird auch in anderen Bereichen viel von dem bestimmen, was im Alltag wichtig wird. Auch hier gibt es von Anfang an viele Unterschiede. Gerade im bindungs- oder bedürfnisorientierten Umfeld wird oft suggeriert, man müsse sich nur an die Grundprinzipien dieser Erziehungsstile halten und schon hätte man einen unkomplizierten Babyalltag, wogegen das Abweichen von Verhaltensweisen wie Tragen, Stillen oder Schlafen im Familienbett sofort zu Problemen führen würde. Natürlich ist all das viel zu simpel für komplexe Wesen wie wir Menschen es sind.

Eltern sind nicht „schuld"

Auch im gesellschaftlichen Mainstream findet man oft den Gedanken, dass Eltern irgendwie „selbst schuld" seien, wenn ihre Kinder viel weinen, unruhig oder auf andere Weise herausfordernd sind. Und natürlich hat elterliches Verhalten einen Einfluss auf Kinder und es gibt Stellschrauben, an denen sie drehen können, damit Nächte weniger anstrengend und Babys insgesamt ausgeglichener sind. Aber letztlich darf das angeborene Temperament eines Kindes nicht außer Acht gelassen werden. Jörg Asendorpf, Professor für Persönlichkeitspsychologie, schreibt dazu: „Schon Neugeborene unterscheiden sich sehr stark in ihrem Temperament und ihrer motorischen Aktivität. Die Dauer des Schlafens, die Reaktivität gegenüber Berührungen, Tönen und dem Anblick eines menschlichen Gesichts, der Muskeltonus beim Hochnehmen – wer einmal die Gelegenheit hatte, auf einer Geburtsstation viele Neugeborene in ähnlichen Situationen zu beobachten, wird von ihrer Unterschiedlichkeit im Verhalten beeindruckt sein."[13]

Temperamente

Genau wie bei Erwachsenen gibt es auch bei Kindern eher introvertierte und extrovertierte Typen. Sie unterscheiden sich hinsichtlich ihrer Erregbarkeit – also wie schnell sie auf äußere oder innere Reize reagieren – und auch darin, wie gut sie Reize filtern und verarbeiten können. Auch hinsichtlich ihrer Ablenkbarkeit, ihrer Ausdauer oder was Regelmäßigkeiten in ihrem Tagesrhythmus angeht, sind gewisse Merkmale von Anfang an zu beobachten.

Herausforderungen mit schnell erregbaren Babys

Der Einfluss der Eltern besteht dabei darin, das eigene Kind und das angeborene Temperament mit der Zeit kennenzulernen und auf die jeweils benötigte Art zu unterstützen. So brauchen Kinder, die Reize schlechter filtern können, mehr Rückzug und einen ruhigeren Alltag und können vielleicht manche Dinge nicht mitmachen, die anderen möglich sind. Kinder, die sehr erregbar sind und zu starken Emotionen neigen, brauchen mehr Trost und Hilfe beim Umgang damit.

Das bedeutet in Bezug auf kleine Babys zum Beispiel, dass eine Familie mit einem sehr leicht erregbaren Kind, das zudem sehr sensibel auf Reize und Veränderungen reagiert, Unternehmungen erst einmal klein halten wird. Das große Gemeindefest oder der 60. Geburtstag des Opas stellt mitunter eine enorme Herausforderung dar, die von dieser Familie nicht in gewohnter Form wahrgenommen werden kann. Oft sind Freunde oder Angehörige dann irritiert, weil eine andere Familie scheinbar spielend leicht mit dem Kind im Tragetuch Großveranstaltungen besucht und „sich auch nicht so anstellt". Doch dieses andere Kind ist eben genau das – ein anderes Kind mit einem anderen Temperament! Das Wissen darüber wird dir helfen – sowohl, wenn du selbst auf dein empfindsames Kind Rücksicht nehmen musst, als auch dann, wenn es darum geht, einen gnädigen Blick auf eine andere Familie zu werfen.

Kinder müssen nicht abgehärtet werden

Oft bekommen gerade Eltern von Kindern, die nicht so leicht mitlaufen, zweifelhafte Tipps von außen. Der Gedanke, dass man Kinder einfach abhärten müsse, steckt noch immer in den Köpfen vieler Erwachsener. Die Begleitung, die die Kinder brauchen, wenn sie sehr erregt sind oder sehr sensibel reagieren, nämlich Körperkontakt zur Bindungsperson, vielleicht Beruhigungsstillen, gemeinsames Schlafen im Familienbett oder ein besonderer Schutz vor äußeren Reizen, wird von Außenstehenden als „verwöhnen" missverstanden. Wichtig ist zu wissen, dass man einen kleinen Menschen in emotionalen Nöten weder abhärten noch verwöhnen kann. Eltern leisten hier eine wertvolle Unterstützung bei der Verarbeitung von Reizen und beim Regulieren von Emotionen und tragen so langfristig dazu bei, dass unsere Kinder das irgendwann auch selbst besser können.

Und gleichzeitig ist diese Arbeit für uns Eltern oft anstrengend. Ich würde mir wünschen, dass der Wert dieser Art von emotionaler Begleitung in der Gesellschaft bekannter wird, und dass junge Eltern dafür Liebe, Wertschätzung und Unterstützung erfahren, denn sie leisten damit einen großen Beitrag für die Welt von morgen!

4. Rituale von Anfang an – was hilft kleinen und großen Menschen?

Das Wichtigste in Kürze:

- *Das Schlafverhalten von Babys kann sehr unterschiedlich sein, einige schlafen 16 bis 18 Stunden täglich, andere 12, manche 20.*
- *Schlaf- und Wachzeiten verteilen sich in den ersten Wochen gleichmäßig auf Tag und Nacht.*
- *Babys müssen nicht zu festen Zeiten ins Bett gelegt werden und allein schlafen lernen. Das Schlafverhalten ist ein Entwicklungsprozess, der sich mit der Zeit (langer Zeit!) einspielt.*
- *Von einer Bindungsperson begleitetes, geborgenes Schlafen gibt dem Baby ein Gefühl von Sicherheit, denn seine Instinkte sagen ihm, dass Alleinsein Gefahr bedeutet.*
- *Babys unterscheiden noch nicht zwischen den Tageszeiten. Strukturen und Rituale dienen daher in den ersten Monaten vor allem dazu, dir selbst Wohlbefinden und Geborgenheit zu schenken, indem du dir hilfreiche Übergangsmomente in den Tag einbaust.*

Die ersten Wochen mit einem neugeborenen Baby sind oft noch nicht besonders durchstrukturiert. Von einem regelmäßigen Tagesablauf sind viele Eltern weit entfernt. Früher gab es Empfehlungen, diesen möglichst bald einzuführen und Kinder statt nach Bedarf nach festen Uhrzeiten zu stillen und in der übrigen Zeit zu ignorieren. Auch heute finden sich solche Hinweise noch vereinzelt, auch wenn sie in einem sanfteren Gewand daherkommen. Um es klar zu sagen: Stillen (oder mit der Flasche füttern) nach Bedarf, also wann immer das Baby danach verlangt, ist eine gute und wichtige Sache. Es ist Teil der nötigen Bedürfnisbefriedung. Eltern, die erkennen, dass ihr Baby gestillt werden möchte, weil es Hunger hat, oder die weiteren Vorzüge des Stillens genießen möchte, bringen eben diese Feinfühligkeit mit, die es braucht, um Kinder sicher ins Leben zu begleiten. Hier entsteht Nestwärme. Hier werden die ersten zarten Wurzeln ausgebildet.

Ähnlich ist das beim Thema Schlafen. Kinder kommen nicht mit einem Schlafrhythmus zur Welt, der sich besonders gut mit unserem Wunsch nach Effizienz und Struktur verträgt. Schlimmer noch – sie sind dabei nicht mal alle gleich! Viele Babys schlafen in den ersten Lebenswochen 16 bis 18 Stunden am Tag, manche aber auch nur 12, andere sogar 20. Sie verteilen diese Schlafzeiten in den ersten Lebenswochen relativ gleichmäßig auf Tage und Nächte. Erst mit der Zeit wird der Tagschlaf weniger und der Nachtschlaf mehr. Und eins mögen Babys so gar nicht: Zu festen Zeiten allein in ihr Bettchen gelegt zu werden, um *jetzt* zu schlafen. Im Gegenteil: Der Schlaf ist das Bindungsthema schlechthin, und das ist auch wichtig. Stell dir vor, unsere nicht sesshaften Vorfahren hätten als hilflose kleine Babys irgendwo allein gelegen und geschlafen. Sie wären schnell Opfer irgendwelcher wilder Tiere oder anderer Menschengruppen geworden. Für das Überleben der Menschheit war es wichtig, dass Babys geschützt schlafen konnten. Und so ist es noch heute. Das Bindungssystem eines Menschen ist auch immer ein Überlebenssystem. Eingebaute Instinkte sagen unseren Babys, dass Alleinsein Gefahr bedeutet – und dieses System funktioniert heute noch immer nach den gleichen Regeln. Nur wissen wir Erwachsenen, dass nirgendwo ein Säbelzahntiger lauert.

Auch darüber hinaus fühlen sich Neugeborene immer dann geschützt und sicher, wenn sie nah bei den Menschen sind, die sie umsorgen. So stellen in den ersten Lebensmonaten enges Tragen und Kuscheln eigentlich eine Daueraufgabe für Eltern dar.

In der ersten Zeit geht es um Beobachten und Kennenlernen

Wir sehen also: Der Alltag mit kleinem Baby ist nicht immer planbar. Regelmäßigkeiten bilden sich nur langsam heraus. Trotzdem kannst du – und damit auch dein Baby – von kleinen Ritualen profitieren.

In den ersten Wochen geht es vor allen Dingen darum, dass du dein Kind kennenlernst. Du beobachtest es, schaust es an, lernst seine verschiedenen Laute kennen, und nach und nach wirst du so ein Gespür dafür bekommen, was dein Kind in welcher Situation braucht. Beispielsweise wirst du merken, dass Hunger oft nicht völlig plötzlich und unerwartet kommt, sondern sich ankündigt. Vielleicht wird dein vorher friedlich schlafendes Kind ein wenig unruhig, gibt erste Töne von sich oder beginnt, an seinen Fingern zu saugen. Du kannst dein Baby ruhig in diesen Momenten schon anlegen. Gerade am Anfang funktioniert das Stillen sehr viel einfacher, wenn ein Säugling noch nicht stark weint und in Nöten ist. Mutter und Kind sind dann gelassener, was den Aufbau einer Stillbeziehung und das Lernen des Stillens erleichtert.

Denk auch an dich selbst und deine Grundbedürfnisse

Diese ersten Hungersignale deines Babys verschaffen dir aber auch ein kleines Zeitfenster, noch schnell für dich zu sorgen, falls du es noch nicht getan hast: vielleicht noch einmal auf die Toilette zu gehen, dir ein Glas Wasser bereitzustellen oder dein Handy oder ein Buch griffbereit zu legen. Denn gerade in den ersten Lebensmonaten dauern Stillphasen oft lange und Babys schlafen dabei auch wieder ein und möchten in dieser sicheren, kuscheligen und geborgenen Situation weiterschlafen. Spätestens dann bist du froh, wenn du gut für dich gesorgt hast.

Tag und Nacht durch Rituale sichtbar machen

Als in unserer Familie die Babys ganz klein waren, sind wir meistens mit ihnen zusammen ins Bett gegangen. Oft haben wir während der langen Clusterfeedingzeiten noch auf dem Sofa gesessen, uns unterhalten oder eine Serie geschaut und sind dann zur immer etwa gleichen Uhrzeit Schlafen gegangen. Auch wenn Babys sowohl tagsüber als auch nachts Schlaf- und Wachphasen haben, ist es sinnvoll, den Unterschied zu verdeutlichen und einen Übergang ins Bett zu markieren: Jetzt beginnt die Nacht. Vielleicht durch das Wechseln der Kleidung von Tagsachen zu Schlafanzug und einem kleinen Abendritual wie einem Lied, einem Gebet und einer ruhigen Atmosphäre ganz ohne zusätzliche Reize. Hierbei geht es vor allem auch darum, was wir als Eltern brauchen, um den Tag loszulassen und den Modus zu wechseln.

Babys Bedürfnisse mit deinen verbinden

Auch das Bedürfnis, eng am Körper getragen zu werden, kannst du mit etwas verbinden, das dir guttut. Zum Glück gibt es heute eine große Auswahl an verschiedenen Tragehilfen, sodass jede und jeder eine für sich passende, alltagstaugliche Lösung finden kann. Als meine Kinder Babys waren, hat mir ein Aufenthalt an der frischen Luft bei fast jedem Wetter immer gutgetan, und ich habe im Laufe der Zeit Orte gefunden, an denen ich einfach gern mit ihnen war. Als wir noch in der Stadt lebten, war es ein nahegelegener Park, in dem man Enten beobachten konnte, nach unserem Umzug in einen Vorort ein See, an dem man ganz wunderbar Natur genießen kann.

Du siehst, gerade am Anfang haben Rituale und Strukturen im Familienalltag ganz viel mit dir zutun, mit dem was *du* bist und was *dir* guttut. Sie sind nicht so sehr dafür da, deinem Baby Halt und Sicherheit zu geben, sondern sollen vor allem dir Wohlbefinden und ein Gefühl von Geborgenheit schenken. Und das ist nicht weniger wichtig!

5. Wer sieht mich in der Dunkelheit – Jesus im Elternalltag nah sein

Kommt alle zu mir, die ihr mühselig und beladen seid; ich will euch erquicken! (Mt.11,28)

Wir haben gesehen, dass das Leben erst einmal ganz schön schrumpft, wenn ein Baby dazukommt. Viele finden, dass das auch für das Glaubensleben gilt. Und natürlich fällt vieles erst einmal weg, was vielleicht früher deine Zeit mit Gott bestimmt hat: Gottesdienstbesuche, Hauskreise, morgendliche stille Zeit und regelmäßiges Bibellesen? Davon sind wir erst einmal weit entfernt, wenn wir einen kleinen Menschen umsorgen. Doch vielleicht ist das auch eine gute Gelegenheit, Nähe zu Jesus dort zu suchen, wo er uns tatsächlich eben auch nah sein will? In den Evangelien lesen wir an vielen Stellen, dass Jesus den Alltag der Menschen teilt. Er geht in ihre Häuser, isst und trinkt mit ihnen und hört von ihren Sorgen und Nöten. Er erlebt sie beim Fischen, bei Haushaltstätigkeiten oder in ihrer Fürsorge für ihre Kinder. Während er einige Wenige aus ihren alltäglichen Aufgaben herausrief, ließ er die meisten, denen er begegnete, dort, wo sie waren, und schenkte ihnen Kraft und Heilung für die Situationen, in die sie gestellt waren. Das ist sein Anliegen, damals wie heute. Er braucht keine riesigen Verrenkungen und auch keine eigens für ihn freigeschaufelte Zeit in einer Lebensphase, in der wir es an manchen Tagen nicht einmal unter die Dusche schaffen. Erst kürzlich fiel mir ein verhältnismäßig aktueller christlicher Erziehungsratgeber in die Hände, in dem das Gegenteil behauptet wurde und junge Mütter an die Wichtigkeit ihrer Zeit mit Gott erinnerte. Ich hingegen finde ein Gottesbild schräg, in dem ein liebender Vater oder unser Freund Jesus von uns erwarten, dass wir ausgerechnet ihm zuliebe die Bedürfnisse unserer Kinder hintanstellen, nur um an Ritualen festzuhalten, die Menschen aus Glaubensgemeinschaften einmal erdacht haben.

Meine Erfahrung ist, dass wir Jesus noch einmal ganz neu und ganz anders brauchen, wenn wir Eltern werden. Seit ich Mutter bin, bin ich sehr viel bedürftiger danach geworden, ihm nahe zu sein. Die Frage „Wer sieht mich in der Dunkelheit" habe ich mir in den letzten 13 Jahren mehr als einmal gestellt. Manchmal in wirklich dunklen Nächten, wenn außer dem Baby und mir keiner mehr wach war. Wenn wir durchs Haus wanderten oder ich in unbequemen Positionen dalag und eine kleine Hand gehalten habe. Wenn ich mir nicht vorstellen konnte, dass ich nach so wenig Schlaf noch Kraft für den nächsten Tag aufbringen würde, und wenn Erschöpfung und Überlastung meine Fähigkeit zur Liebe und zur Fürsorge aufgebraucht hatten und stattdessen Wut und Verzweiflung meine Gedanken dominierten. Wenn ich aus Pflichtgefühl statt dem Gefühl der Verbundenheit weitermachte und meine

Zähne dabei so fest aufeinanderbiss, dass am nächsten Tag der Kiefer schmerzte.

Elternschaft hat neben anstrengenden Nächten auch andere düstere Stunden parat. Wer sieht mich, wenn ich scheinbar in einer Sackgasse stecke? Wenn ich nicht weiterkomme und immer wieder über dasselbe Thema streite? Wer sieht mich, wenn ich nachts wach liege und mir Sorgen um eins meiner Kinder mache? Wer begleitet mich, wenn ich zum außerordentlichen Elterngespräch in Kita oder Schule eingeladen bin? Wem bringe ich meine Zweifel, wenn ich das Gefühl habe, dass mir alles über den Kopf wächst und ich meiner Aufgabe nicht gewachsen bin?

Wenn wir eine Familie werden, werden sich viele Fragen in unserem Glaubensleben neu stellen: Was wollen wir vorleben? Wie wollen wir unseren Kindern die Botschaft vermitteln, die uns durchs Leben trägt? Wie machen wir Gottes Liebe für sie spürbar und erlebbar, und wie wird unser Freund Jesus auch zu ihrem Begleiter? Und gerade im Zusammenhang mit solchen Fragen darf auch unser eigener Alltagsglaube und die Art ihn zu leben noch einmal auf den Prüfstand und der neuen Lebenssituation angepasst werden. Unser Gott war nie einer, dem wir erst etwas beweisen mussten, damit wir seiner Liebe würdig werden. Obwohl dieser Satz bei so ziemlich jedem heftiges Nicken auslöst, funktioniert das Glaubensleben vieler Menschen aber nach genau dieser Logik. Auch in Kirchengemeinden wird oft der Eindruck vermittelt, dass eigentlich nur richtig dabei ist, wer auch mitarbeitet. Und Mitarbeit an sich ist ja auch eine super Sache. Viele von uns ziehen tatsächlich selbst Kraft und Segen aus ihrem Dienst. Dennoch führt unser Weg in Gottes liebende Arme eben nicht über unser Tun. Es reicht, dass wir einfach da sind. Ich finde, gerade die junge Elternschaft ist eine gute Möglichkeit, etwas mehr Göttliches im Alltag zu suchen und zu erkennen, dass unser eigener Gottesdienst ebenfalls genau dort stattfindet.

Deshalb ist mein erster Glaubensimpuls, der dich in diesen fordernden Jahren mit kleinen Kindern begleiten soll, auch keiner, der dir ein weiteres frommes Ritual in den Alltag quetschen will, sondern viel mehr die Einladung zu erkennen, dass dein Alltag bereits so, wie er ist, Zeit mit Gott ist. Die Autorin Veronika Smoor schreibt dazu in ihrem Buch *Heiliger Alltag*: „Nur weil mein Alltag, mein Leben, meine Berufung klein sind, heißt das nicht, dass ich in Gottes Augen klein bin. Er überschüttet das Kleine, Schmutzige, Geringe mit Gnade. Er hebt unser kleines Leben nicht auf den Thron der Außergewöhnlichkeit, sondern will in jeden unserer noch so unscheinbaren Lebensfäden seine Liebe hineinweben.“[14]

AMEN!

Teil II

6. Autonomie – jeden Tag ein Fest

Das Wichtigste in Kürze:

- *Autonomie – also Selbstständigkeit und irgendwann auch Unabhängigkeit von der Bindungsperson – ist im Menschen genauso von Anfang an angelegt wie der Wunsch nach Verbundenheit.*
- *Kinder im Kleinkindalter können nicht umplanen, wenn sie sich ein Ziel gesetzt haben. Stattdessen empfinden sie ziemlich viel Frust, wenn sie dieses Ziel nicht erreichen. Dieser äußerst sich in kleinen Mini-Nervenzusammenbrüchen, die von Weinen, Schreien, Hauen oder Treten gekennzeichnet sein können.*
- *Kinder sind in solchen Momenten sehr bedürftig und brauchen unsere Unterstützung, um sich wieder zu beruhigen und mit ihren starken Gefühlen klarzukommen.*
- *Es geht nicht darum, die Gefühlsreaktion möglichst schnell zu beenden, sondern das Kind hindurch zu begleiten.*
- *Zum Begleiten gehört: Gefühle benennen, Alternativen zu gefährlichem Verhalten anbieten und notfalls das Kind auch hochnehmen und wegtragen.*
- *Dein Kind ist nicht falsch oder böse, wenn es auf diese Art seine Gefühle äußert.*
- *Jedes Kind entwickelt sich in seinem Tempo.*

Sie kommt in die Küche gelaufen!!!" Zwei große Geschwister können sich neben mir vor Freude kaum halten, und die kleinste Schwester strahlt übers ganze Gesicht, als sie auf wackeligen Beinen vorsichtig einen tapsigen Schritt nach dem anderen macht. Kurz vor uns lässt sie sich auf den Hintern plumpsen und ihre Geschwister jubeln, als habe ihr Team ein internationales Turnier gewonnen.

Leider habe ich die Entwicklungsschritte meiner Kinder nie genau in einem Tagebuch dokumentiert und solche Momente festgehalten. Ich bin einfach nicht der Typ dafür. Aber es gibt Erinnerungen, die sich tief in mein Herz eingebrannt haben. Die Begeisterung meiner großen Kinder über die Gehversuche ihrer kleinen Schwester gehört dazu.

Alles in Bewegung

Wenn unsere Kinder wachsen und sich entwickeln, wird auf einmal jeder Tag besonders. So viele kleine und große Ereignisse gibt es zu bestaunen und zu feiern. Das Entdecken und Beobachten der eigenen Hand, die erste Drehung auf den Bauch, der Versuch übers Rollen an andere Orte zu kommen und das Robben. Irgendwann gehen sie auf alle Viere, manchmal wippen sie da erst einmal eine Weile im Vierfüßlerstand, bevor sie irgendwann loskrabbeln. Unweigerlich stellen sie wenig später fest, dass sie höhere Ebenen erreichen, wenn sie sich an Stühlen oder Tischen festhalten und hochziehen. Der erste Schritt in Richtung Stehen – und dann natürlich zum Laufen.

Fast alles, was da in den ersten anderthalb bis zwei Lebensjahren so passiert, hat mit Bewegung zu tun – und mit Selbstständigkeit. Denn mit jedem Entwicklungsschritt, den Kinder machen, sind sie ein bisschen unabhängiger von uns. Du musst ihnen das Spielzeug nicht mehr reichen, wenn sie sich selbst rollen können. Mit dem Hochziehen an Tischen und Stühlen erhalten sie Zugang zu einer ganz neuen Ebene, und wenn sie laufen können, wächst ihr Entdecker- und Erobererdrang ins schier Unermessliche.

Der Spagat zwischen Verbundenheit und Autonomie

Autonomie – also Selbstständigkeit – und als langfristiges Ziel auch Unabhängigkeit von den Bindungspersonen sind von Anfang an in uns Menschen angelegt. Sie sind genauso ein Grundbedürfnis wie Sicherheit und Verbundenheit. Der Spagat zwischen Autonomie auf der einen und Verbundenheit auf der anderen Seite wird dich immer wieder vor Herausforderungen stellen – in manchen Phasen der Entwicklung zum komplett unabhängigen erwachsenen Menschen mehr, in anderen weniger. Doch die meisten Konflikte zwischen Eltern und Kindern und die anstrengenden Zeiten lassen sich tatsächlich auf diese Themen zurückführen. Mit zunehmender Autonomiefähigkeit fangen unsere Kinder an, auf einem Schwebebalken durchs Leben zu balancieren, und der wackelt mal stärker und mal schwächer. Wir werden darauf in diesem Buch immer wieder zurückkommen.

Vielleicht tröstet dich das Wissen um die Wichtigkeit der Autonomie, die ich im ersten Teil des Buches aufgezeigt habe – aber leider wird diese Tatsache wenig daran ändern, dass manche Situationen einfach bis zur Überforderung anstrengend sind.

Kleinkinder können noch keine Kompromisse oder Planänderungen akzeptieren

Auch in dieser wunderschönen Anfangszeit wirst du das schon

feststellen können. Da ist das bitterlich weinende Kind, das so gern an die Tasse auf dem Tisch gelangen wollte und sich mit allen Kräften hochgezogen hatte – und dann hast du ihm seinen Zielgegenstand vor der Nase weggenommen. Du hattest einen guten Grund, denn in der Tasse war heißer Kaffee. Nur weiß dein Kind das leider nicht. Für dieses ist gerade das Ziel seiner Bemühungen außer Reichweite geraten. Kinder in diesem Alter sind noch nicht zugänglich für sachliche Argumente oder Erklärungen. Umplanen und sich ein anderes Ziel setzen können sie auch nicht. Stattdessen erleidet sein kindliches Nervensystem einen Crash und unser Kleinkind einen Mini-Nervenzusammenbruch. Und so wird aus dem eben noch autonomen Kind mit Entdeckerdrang ein bedürftiger kleiner Mensch, der unsere Hilfe braucht: Hilfe beim Regulieren starker Gefühle. In diesem Fall Trauer und Wut.

Durch die starken Gefühle begleiten

Deine Aufgabe ist hierbei gar nicht so sehr, die starken Gefühle möglichst schnell abzustellen, sondern dein Kind durch den Dschungel dieser Emotionen zu begleiten. Du kannst das Gefühl, das dein Kind jetzt wahrscheinlich empfindet, zum Beispiel zunächst einmal identifizieren und benennen: „Du bist wütend!" Je jünger das Kind ist, desto weniger kann es zwar mit den Worten anfangen, doch nach und nach wird es einen Zusammenhang herstellen und mit zunehmender Sprachentwicklung eben auch lernen, dass sich „wütend" auf dieses heftige und erschreckende Gefühl in seinem Körper bezieht. Gefühle zu verstehen und benennen zu können, ist ein erster Schritt dazu, sie irgendwann regulieren zu können – also auf ein für sich selbst und andere erträgliches Maß runterzuschrauben.

Strampeln, Hauen, Schreien – so baut dein Kind Stress ab

Instinktiv wird dein Kind von Anfang an damit beginnen, sich selbst zu regulieren und die gewaltigen Gefühle in sich abzubauen. Zum einen passiert das durch das laute Schreien und Weinen. Beides hilft, Stress abzubauen. Oft wird das Ganze begleitet von heftigen körperlichen Bewegungen. Je nach Alter des Kindes kann es sein, dass es fest mit den Beinen aufstampft, sich auf den Boden wirft und mit den Fäusten trommelt, um sich schlägt oder auch andere haut oder tritt. Hier gilt, dass dein Kind erst einmal Stress abbauen darf, solange es sich selbst oder anderen nicht wehtut und nichts kaputt macht. Besteht die Gefahr, dass etwas dergleichen passiert, kannst du deinem Kind eine Alternative anbieten: Ein Kissen zum Reinboxen, Papier zum Zerreißen, deine Handflächen zum Draufhauen, was auch immer gerade gut passt. Manche Kinder sind aber in diesem Moment so in ihren Emotionen gefangen, dass sie das nicht annehmen können. Dann geht es um Schutz. Vielleicht musst du dein Kind hochnehmen und wegtragen. Vielleicht musst du dich aber auch einfach nur danebensetzen und aufpassen, dass es nicht zu fest mit dem Kopf auf den Boden haut und zum Beispiel ein Kissen bereitlegen oder es mit den Händen auffangen.

Manche Kinder fühlen alles etwas stärker

Eltern sorgen sich oft, wenn ihr Kind zu sehr heftigen Wutreaktionen neigt und fragen sich, ob das „noch normal" ist. Hier ist es wichtig zu wissen, dass auch das ein Persönlichkeitsmerkmal ist. Manche Kinder empfinden deutlich stärker als andere und zeigen heftigere Reaktionen, manche bis hin zur Bewusstlosigkeit (Stichwort Affektkrampf). Auch fällt es ihnen

Affektkrampf

Bei etwa einem bis fünf Prozent aller Kleinkinder kommt es im Rahmen von starken Emotionen zu beängstigenden Erlebnissen. Die Kinder schreien so sehr oder geraten so stark in Erregung, dass sie für einen kurzen Moment nicht atmen und das Bewusstsein verlieren. Die Kinder laufen dabei blau an oder werden blass. Nach wenigen Sekunden kommen sie aber von selbst wieder zu sich. Diese Affektkrämpfe wirken dramatisch, sind aber harmlos.[15] Wenn ein solches Ereignis das erste Mal auftritt, kann eine vorsorgliche medizinische Abklärung trotzdem sinnvoll zu sein, um andere Ursachen auszuschließen und so in den entsprechenden Situationen Sicherheit und Gelassenheit zu gewinnen.

Wenn Kinder zu Affektkrämpfen neigen, kann frühzeitige Ablenkung im Falle von starken Emotionen ein gutes Mittel sein, um ihr Auftreten zu verhindern.

Frustration aus Angst vor diesen Anfällen ganz zu vermeiden, ist hingegen nicht sinnvoll.

Meistens verwächst sich dieses Phänomen innerhalb der ersten fünf Lebensjahre.

schwerer, Impulskontrolle zu erlernen, und sie brauchen oft länger, bis sie ihre starken Gefühle auf gute Art und Weise regulieren können. An diesen Kindern ist aber nichts falsch. Es ist einfach eine Ausprägung ihrer Persönlichkeit, und mit liebevoller Begleitung und Unterstützung durch ihre Bindungspersonen lernen auch sie, damit zurechtzukommen. Wichtig ist es, sich nicht von außen stressen zu lassen. Wenn dein Kind mehr Schwierigkeiten hat, seiner starken Gefühle Herr zu werden, und sie heftiger zum Ausdruck bringt als Gleichaltrige, bedeutet das nicht, dass dein Kind „unerzogen" ist oder du in irgendeiner Weise in der Erziehung etwas falsch gemacht hast. Es ist einfach, wie es ist. Viele Menschen sind jedoch nicht an starke Gefühlsausbrüche von Kindern gewohnt oder verbinden damit etwas Negatives. Das hat damit zu tun, dass es Kindern viele Generationen lang nicht erlaubt wurde, Wut oder Trauer zu zeigen. Gerade Wutanfälle galten als „schlechtes Benehmen" oder „mangelnder Gehorsam".

Verdorben von Jugend an

Lange Zeit hielt sich der Gedanke, dass in Kindern von Geburt an etwas Böses stecke. In der Bibel ist vom Menschen als Sünder die Rede, dessen Dichten und Trachten von Geburt an böse ist. Über Jahrhunderte wurde dieser Vers vor allen Dingen als

Aussage über Kinder verstanden. Gerade starke Gefühle wurden vor diesem Hintergrund fehlgedeutet, und Erwachsene waren der Meinung, solches Verhalten im Keim ersticken zu müssen, um dem Bösen im Kind wenig Raum zu geben.

Solche Deutungen sind nicht nur wenig hilfreich, wenn es um das Erlernen eines guten Umgangs mit Gefühlen geht, sie suggerieren Kindern darüber hinaus auch, dass ihre Gefühle falsch sind und nicht gefühlt werden dürfen. Erwachsene, die diese Botschaft in ihrer Kindheit bekommen haben, fühlen sich auch heute oft nicht wohl, wenn Kinder in ihrer Gegenwart starke Gefühle zeigen. Immerhin haben sie ja tief verinnerlicht, dass das nicht in Ordnung ist.

Spuren dieses Irrglaubens lassen sich bis heute finden. So gelten kindliche Wutanfälle oft als tyrannisches Verhalten, als Manipulation oder einfach als Zeichen für eine schlechte Erziehung. Nur langsam setzt sich das Wissen durch, dass es sich hierbei um einen ganz normalen Teil der Entwicklung des emotionalen Erlebens handelt. Auch unsere Generation hat oft noch erlebt, dass uns verboten wurde „zu heulen“, „so rumzubrüllen“ oder „so ein Theater“ zu machen.

Auch all deine Gefühle sind in Ordnung

Vielleicht fühlst du dich selbst manchmal unwohl, wenn dein Kind sehr impulsiv zeigt, was es gerade empfindet. Dann darfst du dir dein eigenes Gefühlsleben anschauen und dich fragen, wie viele starke Gefühle du *dir* gestattest und was für innere Bilder von Wut oder Traurigkeit du mit dir herumträgst. Oft müssen wir uns nämlich wieder bewusst machen, was wir den ganzen Tag fühlen. Bist du genervt und denkst vielleicht, dass du so nicht empfinden darfst, weil du als Mutter oder Vater doch glücklich sein müsstest? Ärgerst du dich gerade unglaublich über dein Kind, deinen Partner, äußere Umstände und schämst dich gleichzeitig dafür? Bist du traurig, weil du Dinge vermisst, die vielleicht früher mal zu deinem Leben gehört haben und für die nun keine Zeit mehr ist, und denkst du, dass das undankbar ist? Oft werten wir unsere Empfindungen sobald wir sie wahrnehmen. Dabei hat jedes Gefühl seine Daseinsberechtigung, und es verdient, ernstgenommen zu werden. Ja, als Eltern ist es unsere Aufgabe, an der Seite unserer Kinder zu stehen und ihre Emotionen zu begleiten. Doch dafür ist es sehr hilfreich, auch das eigene Gefühlsleben zu verstehen und anzunehmen. Es gibt keine falschen Gefühle.

Wohl aber gibt es falsche Ausdrucksweisen. Seine eigene Wut anerkennen ist das eine – sie ungefiltert in Kindergesichter zu brüllen oder die Einrichtung zu demolieren etwas ganz anderes. Meine Freundin Sandra Geissler schreibt über die Berechtigung von Gefühlen und ihr Ausleben ganz wunderbar anschaulich in ihrem Buch *Dieses Kleine Stück Himmel – Mit allen Sinnen Familie leben*:

„Ich bin fest davon überzeugt, dass in Familien ausreichend Platz für echte Menschen mit echten Emotionen ist und dass Kinder Eltern als echte Menschen, mit allem, was eben dazugehört, erleben dürfen. Das ist kein Freibrief dafür, sich aufzuführen, als wäre man ein tollwütiger Hund, der wild um sich beißt, beängstigend und furchteinflößend für jeden, der sich nicht rechtzeitig in Sicherheit gebracht hat. Selbstverständlich nicht."

Selbstregulation muss erst einmal gelernt werden – und das dauert

Das gilt jedoch vor allen Dingen für uns Erwachsene. Kinder müssen das erst lernen – und dieser Lernprozess begleitet sie durch ihre gesamte Kindheit und Jugend. Je nach Persönlichkeit sind die einen eher bei einer sozial akzeptierten Form angekommen als andere. Doch auch beim Aufbau der Selbstregulation gilt, was bei allen Entwicklungsphasen passt: Du kannst nichts beschleunigen, und jedes Kind macht es in seiner Zeit und seinem Tempo.

Entwicklung läuft nicht nach Schema F

Sich nicht stressen lassen – das ist auch über das Gefühlserleben hinaus ein wichtiger Tipp, wenn die Autonomiephase deines Kindes ein tägliches Fest und kein Wettlauf werden soll. Denn so schön das ist, wenn sie ihre ersten Entwicklungsschritte machen, so schwierig kann es werden, wenn sie diese langsamer machen als andere Kinder in deinem Umfeld.

Mein Kind, das von seinen Geschwistern gefeiert wurde, weil es in die Küche lief, konnte sich schon mit einem Jahr auf zwei Beinen fortbewegen. Erste Versuche unternahm es sogar schon mit zehn Monaten. Eins seiner Geschwister hingegen hat in seinem U-Heft ein Kreuzchen beim Punkt „lief später als mit 15 Monaten". Heute springt auch dieses Kind

Trampolin, liebt es, mit uns wandern zu gehen und ist motorisch genau da wo es sein sollte. Dafür konnte dieses Kind mit anderthalb in ganzen Sätzen sprechen. Eins seiner Geschwister brauchte dafür wiederum viel länger – und kann sich heute ebenso wunderbar ausdrücken wie alle anderen. Ein Kind übersprang einen Entwicklungsschritt einfach – es kam vom Krabbeln ins Stehen, ohne je gesessen zu haben. Das hatte zur Folge, dass es, wenn es fiel, nie auf seinem Hintern landete, sondern auf dem Rücken. Ich fand das besorgniserregend. Unsere Hausärztin eher lustig. Sie riet uns, noch einmal vier Wochen zu warten und wenn das dann immer noch so sei, könnten wir schauen, ob es dafür Gründe gibt. Das Kind kann mittlerweile sitzen. Wir vermuten, dass dieser Zwischenschritt einfach gestört hat, als es darum ging, mit dem großen Bruder mitzuhalten.

Ich kenne auch Kinder, die nur rückwärts krabbelten und welche, die im ersten Lebensjahr nur sehr wenige Entwicklungsschritte vollzogen. Doch nur in ganz, ganz seltenen Fällen sind solche individuellen Besonderheiten wirklich ein Zeichen dafür, dass etwas grundsätzlich nicht stimmt oder irgendwo nachgeholfen werden muss.

Dem eigenen Gefühl vertrauen

Aber ja – auch das kommt vor. Manchmal ist das elterliche Bauchgefühl, dass irgendetwas nicht so ist, wie es sein sollte, auch richtig. Meistens geht es da jedoch nicht nur um eine Sache, die ein wenig aus den Normkurven fällt, sondern um ein Gesamtpaket, das einem ein beständiges Gefühl der Sorge gibt. Sollte das so sein, ist es natürlich wichtig, diesem Gefühl nachzugehen, sich nicht abwimmeln oder beschwichtigen zu lassen, auf die eigenen Instinkte zu vertrauen und Hilfe zu suchen.

Egal wie schnell oder langsam dein Kind sich entwickelt, du wirst in jedem Fall Zeuge eines rasanten Fortschritts. So viel auf einmal lernen menschliche Wesen nie wieder in ihrem Leben. Es ist wunderschön mit anzusehen, und es sind viele kleine berührenden Momente für die Ewigkeit, wenn dein Kind nach und nach lernt, sich fortzubewegen und auszudrücken.

7. Sichere Umgebung

Das Wichtigste in Kürze:

- *Wenn unsere Kinder beweglich werden, müssen unsere Wohnräume ihrem Entdeckerdrang angepasst werden.*
- *Es geht um Freiheit für Entwicklung auf der einen Seite und Schutz auf der anderen.*
- *Kleinkinder begreifen in diesem Alter noch nicht, dass sie etwas nicht anfassen dürfen.*
- *Beim Absichern der Wohnung empfiehlt es sich, einmal die Perspektive des Kleinkindes anzunehmen.*
- *Eine Ja-Umgebung, also ein Bereich, in dem alles erlaubt ist, fördert den Entdeckerdrang und die Lernbereitschaft.*
- *Es darf aber auch Grenzen geben, also Dinge, die für dein Kind tabu sind.*

„Unser Sohn nennt uns Papa und Neina!“ Ich musste lachen, als meine Bekannte mir das über ihr 20 Monate altes Kind erzählte. Es war so passend für die Lebensphase, in die ihr kleiner Junge gerade hineinwuchs. Da sie ihn die meiste Zeit des Tages begleitete, war sie es auch, die das Wort „Nein“ wahrscheinlich hundertfach in seiner Gegenwart gebrauchte. Der Kleine hatte vor einigen Wochen richtig zu laufen begonnen, und auf einmal war nichts mehr sicher: Die Zeitschriften auf dem Wohnzimmertisch fanden sich sehr schnell auf dem Fußboden wieder und wurden auch in Stücke gerissen, wenn die Eltern nicht schnell genug waren. Der gerade erst wieder eingeräumte Küchenschrank war schon wieder leer und sein Inhalt mehr oder weniger dekorativ über dem Küchenfußboden verteilt. Vom Bücherregal musste jetzt nicht nur das unterste Fach ausgeräumt werden, sondern die ersten drei. Ganz schön viel Arbeit für eine Familie, deren gesamte Wohnzimmerwand aus Büchern besteht. Und selbst danach bot der Alltag mit einem plötzlich beweglichen Kind sehr viel Anlass für Neins.

Wahrscheinlich kennt das jede Familie, die schon einmal Kinder in diesem Alter hatte. Mit der Beweglichkeit kommt auch die Erkundungslust in den Kinderalltag. Das ist gut und wichtig, denn unsere Kinder können so ihrem angeborenen Drang nachgehen, zu lernen und zu entdecken. Dieses Bedürfnis allzu sehr zu hemmen, wirkt sich negativ auf die Motivation von kleinen Kindern aus.

So viel Freiheit wie möglich – so viele Grenzen wie nötig

Und gleichzeitig wissen wir alle, dass es gar nicht möglich ist, der Entdeckerlust von Kleinkindern vollständig nachzugeben. In dieser Phase müssen Kompromisse und kreative Lösungen her, mit denen alle Familienmitglieder einigermaßen gut leben können. Perfektion solltest du hier auf keinen Fall voraussetzen: Weder bei der Frage, wie deine Wohnung aussehen sollte, noch wenn es um die Entfaltungsmöglichkeiten deines Kindes geht – denn bei allem guten Willen: Du wirst es auch ein Stück weit einschränken müssen.

Das Wort Grenzen ist oft negativ besetzt

Schauen wir uns doch zunächst einmal an, worum es hier eigentlich genau geht: Um sich neu öffnende Welten und um Grenzen. Da ist es – das böse Wort. Grenzen sind mittlerweile zum Reizwort in Erziehungsdebatten geworden. Das liegt daran, dass viele eher autoritär denkende Menschen die Diskussion um Grenzen in der Erziehung entsprechend geprägt haben. Wenn nach „mehr Grenzen" für Kinder gerufen wird, steckt dahinter meist ein mahnender Gedanke und nicht selten ein Seitenhieb an uns als Elterngeneration, der unterstellt wird, einfach nicht mehr richtig Grenzen setzen zu können. Unter Grenzen werden hier restriktive Beschränkungen verstanden. Oft in einer Form, in der es nicht zuerst darum geht, ob sie in deinem Familienalltag Sinn ergeben oder nicht, sondern um ihrer selbst willen und um Autorität zu wahren. Beim Grenzen setzen geht es dann sehr oft um Erziehungsmaßnahmen, die mit Strafen – oder „Konsequenzen", dem neuen Wort dafür – einhergehen. Die Bemühungen von Eltern, hier einen anderen Weg zu gehen und Beschränkungen eher locker und situationsabhängig auszusprechen, werden dann oft als „inkonsequent" oder „verweichlicht" abgetan. Kein Wunder also, dass Eltern, die sich um einen demokratischen Erziehungsstil bemühen, heute ein schwieriges Verhältnis zu Grenzen haben.

Den Alltag erleichtern, statt autoritäre Ziele zu verfolgen

Ich verstehe unter diesem Begriff jedoch etwas anderes. Ich meine keine Stacheldrahtzäune und Mauern, an denen meine Autorität hängt oder an denen ich mein Refugium verteidigen muss. Ich meine Einrichtungen zum Schutz der Kinder und zur Bewahrung meines inneren Friedens. Ich meine Sicherheitszäune, die Menschen davor schützen, von einer steilen Klippe zu fallen, und ich meine den kleinen Zaun, den ich um mein Kräuterbeet gezogen habe, damit unser Hundewelpe dort sein Geschäft nicht erledigt.

Ähnlich darfst du denken, wenn du dir überlegst, wie du mit deinem wachsenden Kleinkind zusammenleben möchtest. Im Grunde geht es darum, den notwendigen Schutz, dein Bedürfnis nach Schönheit und Raum für dich selbst und den wichtigen Entdeckerdrang deines Kindes miteinander in Einklang zu bringen.

Kleinkinder haben noch nicht die geistige Reife, um den Sinn eines Verbotes zu verstehen

„Kinder müssen lernen, dass etwas herumsteht, dass sie nicht anfassen dürfen!“ Diesen Satz habe ich schon so oft gehört. Ich möchte ihn umformulieren: „Kinder WERDEN lernen, dass etwas herumsteht, dass sie nicht anfassen dürfen!“ Sie werden irgendwann wissen, dass du nicht möchtest, dass sie deine Wohnzimmerpalme ausgraben, und sie werden es dann auch nicht tun. Dieser Moment wird gekommen sein, wenn sie die nötige geistige Reife besitzen, zu verstehen, warum du das nicht willst. Bis dahin wirst du aber ziemlich oft Erde wegsaugen müssen, denn selbst wenn sie irgendwann verstanden haben, dass du das nicht willst, wird ihr Impuls in dieser Erde zu wühlen und so ein

Stückchen Welt im wahrsten Sinne des Wortes zu beGREIFEN, immer wieder stärker sein. Nicht, weil dein Kind böse oder ungehorsam ist oder weil du etwas falsch gemacht hast, sondern weil das Bedürfnis, zu lernen und sich dadurch weiterzuentwickeln, einfach sehr groß und mächtig ist.

Überleg dir, was dein Kind anfassen darf und was in Sicherheit gebracht werden muss

Wenn du dich also fragst, wie du dein Zuhause gestalten möchtest, wenn dein Kind zwar körperlich und geistig sehr beweglich geworden, aber noch nicht reif genug ist, die Folgen seines Tuns abzuschätzen, dann solltest du dir nicht zu viele Gedanken darüber machen, ob deinem Kind eine wichtige Lernerfahrung vorenthalten bleibt, wenn du *keine* Dinge in seine Reichweite stellst, die es nicht berühren darf. Kurz gesagt: Nein, das tust du nicht! Überlege dir viel eher, wo du gern Sachen haben möchtest, die vor den kleinen Händchen deines neuen Mitbewohners sicher sind, und welche Dinge in deinem Haushalt zwar sehr nützlich, aber für einen kleinen Menschen gefährlich sind. Logischerweise gehören Steckdosen dazu, genau wie Kaminöfen, giftige Pflanzen (und davon gibt es mehr, als man erwarten würde!) und viele andere Dinge, die man bisher als ganz ungefährlich empfunden hat. Manches wirst du erst bemerken, wenn es zu spät ist – das passiert uns allen. (Heißer Tipp: Speicher dir die Nummer des Giftnotrufs ab und halte Kohletabletten im Haushalt vorrätig. Ich weiß, wovon ich spreche).

Die Wohnräume aus der Perspektive des Kindes ansehen

Du wirst schnell merken, dass du den Spielraum für dein Kind begrenzen musst. Vielleicht wirst du einen Teil des Wohnzimmers mit einem Schutzgitter absperren und dahinter deine Zimmerpalme, deine Lieblingsvase oder deinen Laptop stehen haben. Das ist dann dein Bereich. Dein Kind hat seinen eigenen, und dort darf es nach Herzenslust entdecken. Regale und Schubladen sollten in diesem Bereich so eingeräumt sein, dass dein Kind sie ausräumen oder neu sortieren darf. Alles, was erreichbar ist, sollte es auch haben dürfen, und tatsächlich ist es sehr schön für dein Kind, wenn es in diesem Bereich nicht nur seine eigenen Spielsachen findet, sondern auch den einen oder anderen ungefährlichen und nicht zerbrechlichen Haushaltsgegenstand. Schließlich will es ja entdecken und begreifen. Auch bei der Kücheneinrichtung ergibt es Sinn, Töpfe, Plastikdosen oder Löffel in der Reichweite von kleinen Kindern zu lagern, während Messer und Geschirr am besten weit oben stehen.

Wenn du beginnst, deine Wohnung oder einzelne Bereiche kindersicher zu machen, dann ist es hilfreich, dich selbst in die Perspektive des Kindes zu begeben. Setze oder lege dich auf den Boden und schau, was du siehst. Welche Gegenstände sind erreichbar? Welche gefährlich? Welche verlockend? Wo besteht die Gefahr, dass dein Kind sich die Finger einklemmt oder verbrennt? Das sind die Stellen, die du umräumen oder absichern musst. So schaffst du einen Raum, in dem dein Kind sich gut und sicher entwickeln kann.

Eine Ja-Umgebung schaffen

Oft ist in diesem Zusammenhang von einer Ja-Umgebung die Rede. Das bedeutet, dass dein Kind einen Bereich für sich hat, in dem es relativ uneingeschränkt machen kann, was es möchte. Dies ist wichtig, weil sich zu viele Neins, wie schon beschrieben, negativ auf die Entdeckerfreuden und die Lernwilligkeit von Kindern auswirken. Wie wir oben schon gelernt haben, ist ein nicht erreichbares Ziel mitunter eine ziemlich große Frusterfahrung. Und obgleich Frustration auch zum Aufwachsen dazugehört und man sie auch nicht gänzlich vermeiden kann, sollten Kinder auch nicht in eine Schleife aus Dauerfrust geraten. Dies wirkt sich negativ auf die Selbstwirksamkeitserwartung des Kindes aus – also auf den Teil in ihm, der dem Kind suggeriert, dass es sich ein Ziel setzen und mit seinen Mitteln auch erreichen kann. Genau das wollen wir Eltern doch eigentlich stärken, denn sie ist für das weitere Leben von großer Bedeutung. Wer wachsen und seine Flügel ausbreiten möchte, muss erfahren haben, dass er etwas bewirken kann.

Zu viele Frusterfahrungen wirken sich negativ auf die Eltern-Kind-Beziehung aus

Dazu kommt, dass sich ständige Verbote auch nicht förderlich auf die Beziehung zu unserem Kind auswirken. Während die Bezeichnung „Neina“ für meine Freundin noch irgendwie witzig und süß war, sieht der Alltag mit kleinen Kindern leider gar nicht mehr so fröhlich aus, wenn sich ein Wutanfall an den nächsten reiht. Versteh mich nicht falsch – in dieser Lebensphase mit deinem Kind musst du viele starke Emotionen begleiten, Zorn gehört zu eurem Alltag, und manches ist anstrengend. Aber du sollst dieses Fest der Autonomie mit deinem Kind auch genießen können, und es soll neben den unvermeidlichen Frusterfahrungen auch schöne machen und jeden Tag lernen und sich entwickeln, und du solltest genügend Zeit haben, mit einem Kaffee und einem hüpfenden Herz daneben zu sitzen. Wenn sich der Alltag fast die ganze Zeit nach Kampf anfühlt, passt etwas nicht.

Falsche Annahmen zur kindlichen Entwicklung sorgen dafür, dass wir zu viel erwarten

Oft erwarten Eltern in dieser Phase auch zu viel von ihren Kindern. Mit den schon angesprochenen falschen Annahmen über Kinder und ihre Persönlichkeit ist auch der Gedanke in die Köpfe von Erwachsenen geschwappt, dass Kinder in diesem Alter eigentlich schon verstehen würden, was sie nicht dürften, und uns absichtlich nicht gehorchen. Man kann diese Fehldeutung kindlichen Verhaltens auch heute noch oft antreffen: „Guck mal, wie der dich manipuliert.", „Die weiß genau, dass sie das nicht soll!", „Der weint doch nur aus Trotz, da brauchst du nicht hingehen!", „Die ist ganz schön durchtrieben mit ihren nicht mal zwei Jahren!"

Ein Verbot wird oft nicht als solches erkannt

Doch Kinder in diesem Alter verstehen oft eben nicht, was wir von ihnen wollen. Oft nehmen sie in einem Satz nur das Nomen und das Verb wirklich war. Von „nicht an die Vase gehen" hören sie halt vor allen Dingen Vase und gehen. Das wir ihnen eben eine Grenze gesetzt haben, haben sie gar nicht verstanden.

Grenzen sind nötig und auch völlig in Ordnung

Dies solltest du im Hinterkopf haben, wenn du die unvermeidbaren Neins im Alltag deiner Kinder durchsetzen willst. Denn natürlich gibt es die, und natürlich sind die – trotz der Ja-Umgebung – nötig und nicht vermeidbar. Allerdings sollten wir gerade bei sehr kleinen Kindern nicht erwarten, dass sie Verständnis für unsere Regeln haben oder sie verstehen. Meistens ist es unser Job, Kinder von Orten wegzuholen, an denen sie nicht sein sollten und durch unsere körperliche Präsenz zu verhindern, dass Dinge passieren, die nicht geschehen sollten.

8. Den Alltag einrahmen – Rituale mit Krabbelkindern

Das Wichtigste in Kürze:

- *Rituale mit Kleinkindern sollen dich nicht stressen, sondern den Alltag erleichtern.*
- *Wiederholungen geben Halt und Sicherheit.*
- *Kleine Rituale helfen, Übergänge von einer Tagesphase in die nächste zu erleichtern.*
- *Auch das abendliche Einschlafen wird durch ein festes Ritual leichter.*
- *Kleinkinder können verschiedene Einschlafrituale von unterschiedlichen Menschen akzeptieren. So zum Beispiel Einschlafstillen von Mama und Singen und In-den-Schlaf-wiegen, wenn Papa mit ins Bett bringen dran ist. Allerdings sind manchmal ein bisschen Zeit und Geduld nötig, bis man an diesem Punkt ist.*
- *Beim Abendritual sollte das Gefühl von Geborgenheit im Vordergrund stehen.*

Ich erinnere mich noch gut an die Zeit, als ich ein Baby und ein Kleinkind zu Hause hatte. Meine beiden älteren Kinder sind nur 22 Monate auseinander. Das ist wunderschön, sehr empfehlenswert – und sau anstrengend! Mein Highlight in dieser Zeit war ihr gemeinsamer Mittagsschlaf. Denn wenn es richtig gut lief, dann gab es nach dem Mittagessen circa eine halbe Stunde, in der beide Kinder gleichzeitig schliefen.

Wenn du jetzt denkst, in dieser Zeit hätte ich anspruchsvolle Bücher gelesen, meine Dissertation weitergeschrieben, endlich mal mit einer Freundin telefoniert oder gar die Wohnung aufgeräumt, muss ich dich leider enttäuschen. In diesen dreißig Minuten habe ich mir einen Kaffee gekocht, den Süßigkeitenschrank geplündert, mich aufs Sofa gesetzt, Löcher in die Luft gestarrt und der Stille gelauscht. Es war herrlich! Es war mein kleines Tagesritual in einer Zeit, in der ansonsten wenig Raum für mich und meine Bedürfnisse war. Und ich kann dir sehr empfehlen, solche kleinen Inseln im Alltag zu suchen. Denn genau dazu sind Rituale in dieser Lebensphase unter anderem da: Sie sollen dir den Alltag erleichtern.

Das Leben wird ein ganz kleines bisschen planbarer

Mit der wachsenden Autonomie pendelt sich auch nach und nach ein neuer Rhythmus ein. Während die ersten Monate aus prompter Bedürfnisbefriedigung bestanden und sich oft vor allem durch Unplanbarkeit auszeichneten, bilden sich jetzt mehr und mehr verlässlichere Strukturen. Das bedeutet wahrscheinlich nicht, dass du auf einmal Zeit zum Aufräumen hast oder pünktlich zu deinen Terminen kommst – ein Kind in diesem Alter ist immer noch eine Wundertüte. Doch es bedeutet, dass sich nach und nach ein paar Regelmäßigkeiten einschleifen.

Mahlzeiten als erste Ankerpunkte

Zum einen erfolgt irgendwann in dieser Zeit die langsame und allmähliche Umstellung von (Mutter-)Milch auf feste Nahrung. Dadurch bilden Mahlzeiten auf einmal Ankerpunkte im Alltag, um die oft herumgeplant werden muss, die aber auch Struktur geben.

Schlafenszeiten lassen Muster erkennen

Auch die Schlafenszeiten verändern sich in der Regel zum ersten Geburtstag hin. Charakteristisch sind in diesem Alter kürzere Schlafzeiten am Vormittag, die sich täglich zu ähnlichen Uhrzeiten wiederholen, und ein längerer Mittagsschlaf. Im Laufe der Kleinkindzeit verdichtet sich dieser Schlafbedarf dann oft zu einem langen Mittagsschlaf.

Solltest du deinen Alltag mit Krabbelkind hier nicht wiedererkennen, sei ganz beruhigt – von diesem Schlafverhalten gibt es natürlich sehr viele Abweichungen, so wie das Thema Schlaf insgesamt sehr individuell ist. Es kann sein, dass ihr noch an einem ganz anderen Punkt steht oder auch nie an diesen hier beschriebenen gelangt, weil euer Weg ein ganz anderer ist. Wenn dem so ist, dann beobachte einfach einmal eine Weile euren Alltag und das Schlafverhalten deines Kindes, und schau, wo du Regelmäßigkeiten erkennst oder welche individuellen Gründe es vielleicht auch dafür gibt, dass es bei euch etwas weniger strukturiert verläuft.

Wiederholungen geben Halt und Sicherheit

Allmählich beginnen unsere Kinder so, von Regelmäßigkeiten in ihrem Tagesablauf zu profitieren. Dabei geht es zum einen darum, durch Wiederholungen Halt und Sicherheit zu geben, Orientierungspunkte in einer Welt, die immer noch oft verwirrend und überfordernd wahrgenommen wird.

Rituale erleichtern Übergänge von einer Tagesphase in die nächste

Zum anderen sind Rituale gute Übergangsbegleiter. Übergänge gibt es im Leben in großen und kleinen Formaten. Die großen Übergänge sind die, die uns von einer Lebensphase in die nächste katapultieren: Kitaeingewöhnung, Einschulung, Abschlüsse und Neuanfänge. Die kleinen Übergänge finden sich täglich viele Male. Der Übergang von der Nacht in den Tag, wenn wir am Morgen aufstehen. Der Übergang von einer Spielphase in eine, in der wir essen, nach draußen gehen oder schlafen wollen und viele andere. Und diese täglichen Übergänge spielen für kleine Kinder oft eine wichtige Rolle.

Viele Konflikte in Familien entstehen nämlich, weil wir von unseren Kindern zu abrupt erwarten, dass sie eine Sache beenden und sich sofort auf die nächste einlassen. Hier können feste Abläufe und Rituale viel Erleichterung verschaffen.

Wege finden, die zu euch passen

Wie diese aussehen können, ist von Familie zu Familie verschieden und kommt auf *eure* Vorlieben, *euren* Zeitrahmen und *euer* Kind an. Manche singen mit ihren Kindern ein Morgenlied. Andere legen sich noch einmal mit dem Kind ins Bett und kuscheln. Eine Familie, die ich lange begleitet habe, hat jeden Tag mit den Kindern kuschelnd und dem ersten Kaffee im Elternbett begonnen. Einer anderen Familie war es sehr wichtig, dass morgens alle schnell in Fahrt kamen. Ihr Aufstehritual war ein wildes Spiel, bei dem das Kind abwechselnd von den Eltern auf den Arm genommen und wild durch die Gegend getragen wurde – alle haben das geliebt und sich schon morgens schlapp gelacht.

Wir selbst sind im Team Morgenmuffel (außer mein Mann, aber der muss notgedrungen mitspielen). Bei uns ist alles beliebt, was nicht viele Worte und bloß keine übertriebene Action braucht. Gern haben wir gemeinsam noch eine Weile nach dem Aufwachen gekuschelt (es gibt nichts Schöneres als bettwarme Kinder!), und oft lagen auch schon die Windel und die Kleidung für den Tag bereit, und alles wurde noch im Bett erledigt. So vermieden wir für uns anstrengende Situationen am Morgen.

Vom Einschlafstillen zum neuen Abendritual

Mein Ritual für die Schlafzeiten war bei meinen Kindern lange Zeit relativ klar: Wir praktizierten Einschlafstillen. Doch irgendwann kam bei jedem Kind der Zeitpunkt, an dem das nicht mehr funktionieren wollte und wir uns etwas Neues einfallen lassen mussten. Bei uns war es das Singen von Schlafliedern.

Übrigens sind kleine Kinder auch in der Lage, verschiedene Einschlafrituale von unterschiedlichen Menschen zu akzeptieren. So gelang es meinem Mann zum Beispiel schon lange, bevor ich das Einschlafstillen aufgab, unsere Kinder in den Schlaf zu wiegen. Hier empfehle ich euch, mutig auszuprobieren, was funktioniert und was eher schwierig ist.

Wichtig ist, dass du gerade beim Abendritual im Hinterkopf behältst, um was es eigentlich geht: Es geht nicht um die Muttermilch, sondern um Geborgenheit. Dein Kind muss sich in der Situation sicher und gehalten fühlen. Es braucht ein Ritual, das ihm hilft, den Tag loszulassen und sich selbst zu regulieren. Das kann das Saugen an der Brust sein, ein Schnuller oder eine vertraute Hand, die es drücken oder zärtlich kneifen kann. Vielleicht auch etwas ganz anderes.

Ausprobieren – das ist überhaupt das Motto, wenn es darum geht, Tage zu strukturieren und Rituale einzuführen, die für alle schön und hilfreich sind. Was für Familie A passt, kann für Familie B völlig unangebracht sein. Auch hier: Es geht darum, Halt zu geben und euren Alltag für alle zu erleichtern, und nicht um Rituale zum Selbstzweck.

9. Von Morgengebeten und Nachtliedern

„Mama, ich habe gebetet." Das kleine Kind steht ganz aufgeregt und zuckersüß vor mir.
„Was hast du denn gebetet?", frage ich.
„Na – lieber Gott!", sagt das Kind im Brustton der Überzeugung und schiebt dann nach: „Danke, weil er immer aufpasst!"

Die meisten gläubigen Eltern wünschen sich, dass ihre Kinder ihren Glauben übernehmen. Dafür gibt es auch gute Gründe. Gerade wenn wir ihn selbst als tragenden Faktor in unserem Leben kennengelernt haben, erhoffen wir uns das auch für unsere Kinder. Aus der Resilienzforschung ist außerdem bekannt, dass Glaube ein Faktor für die Stärkung der Widerstandsfähigkeit in Krisenzeiten sein kann. Sich in etwas gehalten zu wissen, das größer ist als man selbst und die Welt um einen herum, hilft, auch sehr schwierige Situationen im Leben zu meistern. Kein Wunder also, dass wir Eltern wollen, dass auch unsere Kinder solch eine Stütze mit ins Leben nehmen dürfen.

Der Psychologe Abraham Maslow hat seine bisher aus fünf Ebenen bestehende Bedürfnispyramide kurz vor seinem Tod um eine sechste erweitert: das Bedürfnis nach Transzendenz, also nach einer Erfahrung, die außerhalb einer greifbaren und verstehbaren Wirklichkeit liegt. Man könnte auch sagen, nach etwas Göttlichem. Die Pastorin Maike Lauther-Pohl schreibt dazu: „Beim Entdecken der Welt – bereits vor dem Erwerb von Sprache – wollen Kinder auch das ergründen, was mehr ist, als sie sehen und anfassen können. Kinder forschen von klein auf über das Warum, Wohin und Woher, wollen Zusammenhänge und Begründungen, Orientierung und Werte erkennen."[17]

Wenn unsere Kinder unseren Glauben von klein auf kennenlernen dürfen, dann ist das also nichts, was wir ihnen ungewollt aufladen, sondern ein Bedürfnis, dem wir gerecht werden. Natürlich müssen wir uns in unserem Leben mit ihnen immer wieder kritisch fragen, ob wir gerade einen offenen und guten Zugang zum Glauben ermöglichen oder sie einengen und den Weg für eigene Erfahrungen – vielleicht auch außerhalb des Christentums – versperren. Letzteres führt nicht dazu, dass Kinder Halt im Glauben finden, sondern kann das Gegenteil dessen bewirken, was Glaube ihnen geben soll.

Wenn Kinder unser eigenes tiefes Gottvertrauen erleben, machen sie eine Erfahrung, auf die sie im späteren Leben immer wieder zurückgreifen können, selbst dann, wenn sie zwischendurch ganz andere Wege für ihr geistliches Leben wählen.

Wenn unsere Kinder noch ganz klein sind, verstehen sie den Sinn von Gebeten oder religiösen Praktiken natürlich noch nicht. Sie bekommen aber durchaus mit, dass dies Dinge sind, die zu unserem Alltag dazugehören. In diesen frühen Jahren geht es jedoch erst einmal darum, das Vertrauen in Gott zu schaffen. Dazu ist es wichtig zu wissen, dass die Art und Weise, wie wir mit unseren Kindern umgehen, sich auf ihr Gottvertrauen und auf ihre Gottesvorstellungen auswirkt. In dieser frühen Lebensphase bekommen sie eine Idee davon, was Sicherheit und Geborgenheit ist. Einen liebenden himmlischen Vater stellen sie sich in etwa so vor, wie sie ihre ersten Bindungspersonen erlebt haben. Wenn sie die Erfahrung gemacht haben, dass sie sicher und verlässlich begleitet wurden, dann formt das ihr Gottvertrauen. Umgekehrt ist es leider genauso: Kinder, die mit großer Strenge erzogen wurden, haben häufig auch ein angsteinflößendes und einengendes Gottesbild.

Wir merken also auch hier wieder: Unser Familienalltag ist Gottesdienst, und zwar ganz konkret.

Doch natürlich dürfen unsere Kinder auch in dieser Lebensphase über diesen Alltag hinaus religiöse Erfahrungen machen. Hierbei geht es vor allem um Regelmäßigkeiten und Atmosphäre. Ein kurzes Abendgebet, dass immer aus denselben wenigen Worten besteht und sich vielleicht sogar reimt, prägt sich ein, auch wenn seine Bedeutung noch nicht voll erfasst werden kann. Auch Lieder sind für kleine Kinder sehr eingängig. Maike Lauther-Pohl schreibt dazu: „Gefühle wie Freude, Geborgenheit, Gemeinschaft, Mut, Hoffnung, auch Traurigkeit und Wut können über Lieder transportiert und geweckt werden. In der religiösen Begleitung der Kleinen werden kurze, einfache und dabei theologisch ausdrucksstarke Lieder gebraucht.“[18]

In unseren Eltern-Kind-Gruppen haben wir immer darauf geachtet, dass solche Lieder mit passenden Bewegungen oder Gesten verbunden werden. So haben unsere Eltern ihre Kinder beim Abschlusslied immer ganz fest an sich gedrückt, wenn wir am Ende davon gesungen haben, dass Gott sie immer festhält. Auch Maike Lauther-Pohl spricht sich dafür aus, Musik mit eindrücklichen Gesten zu verbinden: „Wird ein Kleinkind auf einer Decke sanft geschaukelt und dazu das Lied ‚Getragen, getragen, was immer wir wagen, getragen, getragen, von Jesus getragen' als Wiederholungsgesang gesungen, bekommt die einfache Erfahrung des gemütlichen Geschaukeltwerdens eine religiöse Dimension."[19]

Wie sehr die Summe solcher kleinen Rituale sich schon bei den Jüngsten einprägt, zeigt der Satz meines Kindes. Wir Eltern können schon in dieser Zeit mithelfen, dass unsere Kinder einen großen Schatz mit ins Leben nehmen.

Teil III

10. Der Radius wird größer – für uns alle

Das Wichtigste in Kürze:

- *Kinder profitieren davon, wenn sie von Anfang an von mehreren Personen liebevoll umsorgt werden. Sie werden durch unterschiedliche Erfahrungen mit Menschen empathischer und sozialer.*
- *Das derzeitige gesellschaftliche Mutterbild suggeriert Frauen zwei unterschiedliche Ideale: Die Mutter, die immer für ihr Kind da ist, existiert parallel zum Idealbild der Karrierefrau, die spielend Job und Kind unter einen Hut bekommt. Die Wahrheit ist aber viel komplexer.*
- *Mütter, deren einzige Aufgabe Kinderbetreuung war, gab es menschheitsgeschichtlich fast zu keiner Zeit.*
- *Arbeit und Kinderbetreuung fand aber fast immer am selben Ort statt und nicht in zwei voneinander getrennten Sphären.*
- *Kinderbetreuung und Lebensmodell einer Familie sind sehr individuelle Entscheidungen, bei der es richtig und falsch nicht gibt.*

Als ich an einem Novembertag mit meinem mittlerweile sechs Monate alten Baby auf dem Sofa lag und einen kleinen Mittagsschlaf machen wollte, unterbrach mich das Klingeln des Telefons. Ich sah auf das Display und erkannte die Nummer sofort, obwohl ich sie mir nicht eingespeichert hatte. Es war die Uni, also der Ort, an dem ich vor der Geburt meines Kindes beschäftigt gewesen war. Es waren allerdings, wie ich an den letzten Ziffern der Nummer erkannte, nicht die alten Kolleginnen, die mich versuchten zu erreichen, sondern eine andere Person. Mein Herz begann wild zu schlagen. In einem Anfall von Wahnsinn, gepaart mit maximaler Selbstüberschätzung, hatte ich mich nämlich einige Wochen zuvor auf eine andere Stelle innerhalb der Universität beworben und war in der Vorwoche zu einem Vorstellungsgespräch geladen gewesen. Und nun, dessen war ich ziemlich sicher, versuchten sie mich bestimmt nicht zu erreichen, weil sie mir gern persönlich absagen wollten. Wenn sie sich die Mühe machten, mich anzurufen, dann, weil sie mich einstellen wollten. Theoretisch natürlich eine gute Nachricht, denn die neue Stelle war besser bezahlt und die Aufgabe spannender. Doch praktisch hatte die ganze Sache einen Haken: Arbeitsbeginn sollte schon in wenigen Wochen sein.

Können so kleine Kinder schon ohne Mama sein?

Panik stieg in mir auf. Was hatte ich mir gedacht, als ich meine Bewerbung einreichte? Ich konnte doch nicht wirklich schon bald wieder in ein Büro gehen. Was sollte mit dem kleinen Menschen neben mir geschehen? Während ich mein Baby so ansah, stiegen mir bei dem Gedanken, mehrere Stunden am Tag von ihm getrennt zu sein, Tränen in die Augen. Ich würde den Hörer abnehmen, entschied ich, und absagen. Das war einfach zu früh.

Doch im letzten Moment zuckte ich zurück. Würde es nicht vielleicht doch irgendwie funktionieren?

Unfähig, eine Entscheidung zu treffen, wartete ich einfach, bis das Klingeln verstummte. Wenige Minuten später flatterte eine E-Mail in meinen Posteingang. Sie war voller freundlicher Worte und Wertschätzung – und ja, natürlich wollte man mich gern einstellen. Ich wurde gebeten, mich am nächsten Tag mit meiner zukünftigen Chefin in Verbindung zu setzen. *Na bravo,* dachte ich. *Nun sitze ich aber echt in der Klemme.* Wenn ich absagte, würde man mich sicher so schnell nicht wieder fragen, ob ich eine verantwortungsvollere Position übernehmen möchte. Sagte ich zu, würde ich jedoch mein kleines Baby von einer anderen Person betreuen lassen müssen.

„Na ja, aber wir haben doch einen guten Plan!" sagte mein Mann, als ich ihm davon erzählte. „Warum zweifelst du auf einmal?"

Kinderbetreuung stand bereit

Das stimmte natürlich. Wir waren ja schließlich nicht völlig naiv und blauäugig in dieses Bewerbungsverfahren gegangen, zumal damals klar war, dass mein Mann, der gerade ein Volontariat begonnen hatte, in dieser Zeit nicht würde kürzertreten können. Wir hatten uns also mit der Frage der Kinderbetreuung auseinandergesetzt und eine Lösung für den Fall der Fälle gefunden.

Unsere Lösung war ein damals sechsundsechzigjähriger rüstiger Rentner, der sein Haus im ersten Jahr seines Ruhestandes durchrenoviert hatte und nun nach neuen Herausforderungen suchte. Dass er der täglichen Kinderbetreuung gewachsen sein würde, daran hatte ich keinen Zweifel, und zwar aus guten Gründen: Ich selbst durfte mich in meiner eigenen Kindheit davon überzeugen, dass er all das gut kann. Es handelte sich nämlich um meinen Vater.

„Ach Gewitter", antwortete der mir am Telefon, als ich ihm erzählte, dass ich die neue Stelle tatsächlich bekommen hatte. „Na, dann müssen wir sehen, wie wir das deichseln!"

„Klar machst du das", sagte auch meine Mutter, „ich kann im Notfall auch einfach ein paar Stunden reduzieren und mithelfen, wenn es Schwierigkeiten gibt."

Du siehst also, ich komme aus einer ziemlich modernen Familie, für die die Berufstätigkeit von Müttern mit kleinen Babys erst einmal nichts Abwegiges ist.

Kinder wurden immer von anderen mitbetreut!

Ich selbst tat mich trotz allem schwer. Nicht, weil ich je Zweifel daran hatte, dass es meinem kleinen Sohn bei meiner Familie gut gehen würde. Auch bin ich grundsätzlich der Überzeugung, dass es gut und richtig ist, wenn früh auch weitere, sekundäre Bindungspersonen in die Kindererziehung eingebunden sind. Lange Zeit war dieser Weg der normale, wenn es darum ging, Kinder ins Leben zu begleiten. In Kapitel I.3. kam ja bereits der Begriff der „Alloeltern" vor – also älteren Verwandten, die im Grunde genommen seit jeher Teil des familiären Netzes waren und Kinder mit aufgezogen haben. Sich früh weitere Menschen an die Seite zu holen und mit ihnen zusammen diese komplexe und fordernde Aufgabe zu bewältigen, ist eine gute Sache, von der alle Beteiligten profitieren, auch die Kinder. Die Soziobiologin Sarah Blaffer Hardy hat in ihrem Buch „Mütter und andere" aufgezeigt, wie sich der Mensch gerade aufgrund der *gemeinsamen* Fürsorge *mehrerer*

Erwachsener zu einem sozialen Wesen entwickelt hat. Ganz knapp auf den Punkt gebracht zeigt sie, dass Menschenkinder immer auf mehr als eine Bindungsperson angewiesen waren, um zu überleben, und daher Fähigkeiten entwickelten, die uns als Menschen einzigartig machen: Sie mussten früh lernen, Emotionen und Stimmungen ganz unterschiedlicher Persönlichkeiten zu erkennen, und konnten so Empathie und Gemeinschaftssinn entwickeln. Das kooperative Großziehen unserer Kinder hat uns also zu dem gemacht, was wir als Menschen sind: Soziale Wesen, die miteinander interagieren und gemeinsam etwas schaffen können. Sarah Hardy geht es in diesem Zusammenhang keineswegs darum, die Bedeutung von Müttern in diesem Geflecht ab-, sondern die weiterer Personen aufzuwerten und das Zusammenspiel von Bindungsnetzen zu zeigen.[20] Wichtig ist also vor allen Dingen, dass Babys und Kleinkinder die Menschen, die sie mitbetreuen, gut kennenlernen dürfen, und dass es sich hierbei nicht um ständig wechselnde Bezugspersonen handelt, sondern um feste, die genauso verlässlich da sind wie die Eltern.

Bindung ist keine Einbahnstraße

Unsere Voraussetzungen waren also günstig, und vom Kopf her sprach vieles dafür, die sich mir bietende berufliche Chance zu nutzen. Doch da war ja noch dieses verflixte Herz – mein Mutterherz, das nicht bereit war, schon loszulassen. Bindung, das ist immerhin keine Einbahnstraße, unser Bindungssystem ist von Gott so gestrickt worden, dass auch wir unsere Aufgabe als primäre Bindungspersonen für diese kleinen Wesen normalerweise nicht einfach so über Bord schmeißen können, sondern präsent sein wollen. Das wirkt sich je nach Typ unterschiedlich aus. Manche Menschen können das Bindungsgummiband früh weit dehnen. Sie tun sich verhältnismäßig leicht damit, andere mitmachen zu lassen und selbst die Freiheiten zu genießen, die man ohne Zweifel gewinnt, wenn das eigene Kind sich auch problemlos von anderen Menschen trösten, füttern oder gar zum Einschlafen bringen lässt. Andere brauchen mehr Nähe und fühlen sich am wohlsten, wenn sie erst einmal nicht lange von ihren Babys und Kleinkindern getrennt sind.

Wer spricht – das Herz oder die gesellschaftliche Erwartung?

Nun könnte man an dieser Stelle eigentlich einfach auf das eigene Herz hören und danach ausgerichtet eine Entscheidung treffen. Allerdings gibt es hier leider einen Haken – die Grenzen zwischen dem, was das Herz sagt und dem, was wir glauben, sein zu müssen, sind fließend, und nicht immer können wir gut unterscheiden, wer gerade spricht. Ist es das Herz, also unser Innerstes, das, was wir wirklich wollen und fühlen? Oder sind es doch äußere Stimmen, die wir so sehr verinnerlicht haben, dass wir sie für unsere eigenen halten? Denn das, was wir in so einer Situation für richtig halten, hat auch immer etwas mit dem jeweils vorherrschenden gesellschaftlichen Mutterbild zu tun.

Und mit diesem Bild ist es derzeit äußerst kompliziert.

Die Frau, die ausschließlich Hausfrau und Mutter war, gab es zu fast keiner Zeit.

Kleine Kinder gehören zu ihren Müttern – dieser Satz scheint auch heute noch für viele Menschen festzustehen. Ich bin mit diesem Bild aufgewachsen, und wenn du deine Kindheit in Westdeutschland verbracht hast, dann du wahrscheinlich auch. Denn besonders in den alten Bundesländern war die

Hausfrau und Mutter über Generationen hinweg so präsent, dass wir sie als das natürliche Bild von Mutterschaft verinnerlicht haben. So ursprünglich und gewachsen, wie wir glauben, ist es allerdings nicht. Das Idealbild der Hausfrau und Mutter, das wir oft als so selbstverständlich und schon immer gegeben im Kopf haben, ist eine Entwicklung des 19. und 20. Jahrhunderts. Davor waren Frauen *immer* beides: Mütter und für den Lebensunterhalt mitverantwortlich. Und selbst in den 1950er Jahren, die in Deutschland oft als Blütezeit der Hausfrau und Mutter angesehen wurden, musste man sich es leisten können, dass die Frau kein Einkommen erwirtschaftete. Gerade in Arbeiterfamilien war es auch damals normal, dass beide Elternteile berufstätig waren oder in einer kleinen Landwirtschaft zum Lebensunterhalt beitrugen.

Neue Idealbilder, die uns nicht freier machen

Unser gesellschaftliches Mutterbild macht derzeit einen starken Wandel durch. Die erhoffte Freiheit bringt dieser vielen Frauen jedoch nicht. Denn während wir uns einerseits mit den beharrlichen Resten des Bildes der allseits präsenten Mutter herumschlagen, die in dieser Aufgabe ihre Erfüllung findet, hat uns auf der anderen Seite die Gegenentwicklung längst eingeholt. Auf einmal sehen wir uns mit Frauenbildern konfrontiert, die versprechen, dass *alles* möglich ist. Es hat sich besonders im Rahmen der familienpolitischen Veränderungen der Nuller-Jahre etabliert und zeigt Frauen, die scheinbar spielend Beruf und Familie jonglieren. Die Mutter im Nadelstreifenkostüm, mit Laptoptasche und Kitakind an der Hand, fungiert als Gegenentwurf zur Hausfrau. Die Politik hat uns scheinbar die Möglichkeit gegeben, alles unter einen Hut zu bekommen, und nun ist es an uns, zu handeln. Was für ein fatales Bild wäre es wohl unter diesen Umständen, wenn ich diese sich mir bietende Chance ablehnen würde?

Du siehst also, solche Entscheidungen sind komplex, und wir sind viel mehr von dem beeinflusst, was uns früher geprägt hat und was uns heute gesellschaftlich als richtig erscheint, als uns oft selbst bewusst ist.

Das Thema Betreuung ist komplexer als es oft scheint

Ich habe in dieser damaligen Situation jedenfalls sehr deutlich gespürt, wie ich zwischen den Polen hin- und hergerissen war. Natürlich wollte ich das Beste für mein Kind tun – doch die Debatte darüber, was denn genau nun das Beste für ein Kind ist, war gerade in den Nuller- und auch in den darauffolgenden Zehnerjahren stark polarisiert. Da war vom „Bildungsvorteil Krippe" die Rede, und Erziehung zu Hause wurde mancherorts sogar als „bildungspolitische Katastrophe"[21] bezeichnet. Andererseits diskutierten wir in dieser Zeit auch viel über Bindung und drohende Bindungsstörungen, wenn Kinder früh eine außerhäusliche Betreuung besuchten. Beide Seiten wurden der Komplexität des Themas leider nicht gerecht.

Es braucht ein Dorf – was bedeutet das wirklich?

Oft fiel in dieser Zeit der Satz vom Dorf, dass es brauchen würde, um Kinder zu erziehen. Angelehnt an ein afrikanisches Sprichwort galt dieser fortan als Begründung, warum außerhäusliche Betreuung unseren Kindern guttut. Nun ist es allerdings so, dass die Betreuung in diesen Dörfern strenggenommen nie „außerhäuslich" war. Sie fand viel mehr im Kreis von Menschen statt, die alle miteinander in lange gewachsenen, verlässlichen Beziehungen verbunden waren. Darüber hinaus waren die Mütter in diesen Settings meistens greifbar und eben nicht in der nächstgrößeren Stadt zum Arbeiten. Der Vergleich zu dem, was wir heute vorfinden, hinkt also.

„Deine zukünftige Chefin ist selbst Mutter von drei Kindern“, verriet mir eine Kollegin, der ich von meinem Dilemma erzählte. „Sprich mal mit ihr, vielleicht findet ihr ja einen Mittelweg!“

Arbeit und Kinderbetreuung fanden fast immer am selben Ort statt

Genau den fanden wir – denn Beate, meine neue Chefin, hatte tatsächlich volles Verständnis für meine Lage. Wir einigten uns damals (also ein Jahrzehnt vor Corona) darauf, dass ich erst einmal im Homeoffice arbeiten durfte und nur zu Gremiensitzungen zur Uni kommen müsste. Mein Vater und ich entschieden gemeinsam, dass er fürs erste jeden Tag zu uns kommen würde, um unseren Sohn in den Stunden, in denen ich konzentriert arbeiten musste, bei uns zu Hause zu betreuen. Um Gremiensitzungen und Termine zu Randzeiten abzudecken, handelte mein Mann eine Flexibilisierung seiner Arbeitszeit heraus, und auch meine Mutter brachte sich ein. Ich hatte also mein Dorf gefunden, und es funktionierte tatsächlich.

Dass Arbeit und Familienleben an getrennten Orten stattfinden, ist eine neue Entwicklung

Arbeit und Familienleben fanden menschheitsgeschichtlich meistens an ein und demselben Ort statt. Bei dem bekannten Kinderarzt und Autor Herbert Renz-Polster bin ich auf das überaus passende Zitat der Verhaltensforscherin Barbara

Schwedter gestoßen, die darauf hinweist, dass menschheitsgeschichtlich die Mutter, die arbeitet, und die Mutter, die ihre Kinder betreut, fast immer ein und dieselbe Person waren. Da Arbeit heute aber eben nur noch selten dort stattfindet, wo wir leben, funktioniert diese Lösung oft nicht mehr. Wir müssen also neue Lösungen für uns und unser Leben finden. Wie sie aussehen können und was dir selbst auf der Suche nach einem gangbaren Weg für dich und deine eigene Familie hilft, schauen wir uns im nächsten Kapitel an.

11. Kita, Krippe, Tagesmutter – oder doch zu Hause?

Das Wichtigste in Kürze:

- *Eingewöhnungen in neue Betreuungssituationen sollten möglichst sanft, über einen mehrwöchigen Zeitraum und im Beisein einer primären Bindungsperson erfolgen.*
- *Wenn Eingewöhnungen zu schnell beendet werden, kann es passieren, dass es nach einer Anfangseuphorie zu einem Einbruch kommt und die außerhäusliche Betreuung schwierig wird.*
- *Krippen betreuen meistens nur Kinder unter 4 Jahren. Im Schnitt kommen dort in Deutschland fünf Kinder auf eine pädagogische Fachkraft. Der Tagesablauf ist auf die Bedürfnisse von Kleinkindern abgestimmt.*
- *In altersgemischten Kitagruppen können ebenfalls Kleinkinder mitbetreut werden. Der Betreuungsschlüssel errechnet sich hier komplizierter. Die Zusammensetzung ähnelt durch die verschiedenen Altersstufen eher der einer Großfamilie. Das bedeutet aber auch, dass der Tagesablauf sich nicht nur nach den Kleinkindern richten kann, sondern allen gerecht werden muss. Wie gut das gelingt, hängt von den räumlichen Möglichkeiten, der personellen Ausstattung und dem Konzept der Einrichtung ab.*

- *Tageseltern bieten meist ihr eigenes Zuhause als Betreuungsort an. In der Regel dürfen sie dort bis zu fünf Kinder betreuen. Die Kinder leben dort im Haushalt mit, und es kommt einer familiären Betreuung am nächsten. Allerdings fehlt hier ein Korrektiv in Form von anderen Betreuungspersonen. Hier ist Vertrauen und genaues Hinschauen gefragt.*
- *Außerhäusliche Betreuung in frühen Jahren schadet der Bindung nicht per se. Es kommt auf die Bedingungen an, die Kinder vorfinden. Auch vorherige Bindungserfahrungen in der Kernfamilie spielen dabei eine Rolle.*
- *Eine Grundvoraussetzung dafür, dass die außerhäusliche Betreuung gelingt, ist, dass die neuen Betreuungspersonen die Kinder auch in emotionalen Nöten begleiten, trösten oder regulieren können, und dass sie sich bei ihnen sicher fühlen.*

Können Sie Ihren Sohn bitte abholen? Er ist todunglücklich heute!" Puh – ich schnaufte tief durch, nachdem ich das Telefongespräch beendet hatte. Eigentlich hätte mein Handy gar nicht eingeschaltet sein dürfen, denn ich war gerade in einer Arztpraxis. Aber da ich erreichbar sein musste, gestand man mir diese Ausnahme zu. Mir gegenüber saß meine Hausärztin, die mir gerade Medikamente gegen eine fiese Blasenentzündung verschrieben und Bettruhe verordnet hatte – und Letztere war soeben hinfällig geworden. Dabei hatte alles so gut angefangen. Mit zweieinhalb Jahren war der Moment gekommen, an dem für unser großes Kind die tägliche Betreuung durch den Opa durch einen Platz in der Kita unseres neuen Wohnortes ersetzt werden sollte. Wir fanden, dass es langsam Zeit wurde für mehr Kontakt zu anderen Kindern – außerdem wurde in einigen Wochen der Opa anderweitig gebraucht. Unser zweites Kind war mittlerweile neun Monate alt, und kurz nach seinem ersten Geburtstag wollte ich an meinen Arbeitsplatz zurückkehren.

Auf Euphorie folgt Trennungsschmerz

Unser Sohn hatte den Übergang in die Kita bisher sehr gut gemeistert. Vom ersten Tag an war er kaum wieder wegzukriegen, wenn wir einmal dort angekommen waren. Schnell war der Moment gekommen, an dem ich das erste Mal die Gruppe verlassen durfte, und nach kurzer Zeit ging ich sogar außerhalb der Kita Kaffee trinken, während er sich drinnen sehr wohlfühlte. Nach und nach dehnten wir die Zeiten aus, die er ohne mich dort verbrachte und bisher hatte es nie Probleme gegeben. Bis zu dieser Woche. Auf einmal war es komplizierter, ihn morgens abzugeben. Er trennte sich nicht so gern von uns und vergoss Tränen. Und an besagtem Tag ließ er sich selbst von seiner Lieblingserzieherin – einer zugewandten und sehr bindungsorientiert arbeitenden Frau – nicht trösten. Ich musste also kommen.

Eingewöhnungen verlaufen nicht geradlinig

Unsere Erfahrung, also ein gewisser Einbruch, wenn man eigentlich schon glaubt, die Eingewöhnung sei geglückt, ist nicht ungewöhnlich. Kinder reagieren sehr unterschiedlich auf eine Trennungssituation, wenn sie zum ersten Mal in einer neuen Umgebung von anderen Menschen betreut werden. Manche brauchen länger, bis sie sich überhaupt von ihrer Bindungs-

Eingewöhnung

Die meisten Kitas und Krippen orientieren sich bei der Eingewöhnung neuer Kinder am Berliner Modell. Dabei geht es darum, Kinder sanft an die neue Situation zu gewöhnen. Wichtig ist dabei besonders, dass eine primäre Bindungsperson das Kind in der Anfangszeit wirklich jeden Tag begleitet. Anfangs schnuppern beide täglich für kurze Zeit in den Gruppenbetrieb rein und gehen dann wieder. Gleichzeitig versucht eine feste Betreuungsperson, erste Kontakte zum Kind aufzunehmen. Je nachdem, wie schnell das gelingt, kann darauf ein erster, kurzer Trennungsversuch folgen. Die primäre Bindungsperson ist in der folgenden Zeit zwar noch viel anwesend, zieht sich aber mehr und mehr aus der Betreuung zurück und beobachtet nur noch. Mit der Zeit wird die Trennungszeit immer weiter gesteigert, bis das Kind einen Vormittag allein schafft.

person lösen und neue Erfahrungen machen. Sie brauchen in den ersten Wochen ihren sicheren Hafen, an dem sie immer wieder andocken können. Ohne Blickkontakt und häufigen Körperkontakt zu der vertrauten Person, die mit ihnen diese Eingewöhnungsphase startet, erkunden sie auch die neue Umgebung nicht.

Andere sind so neugierig und offen, dass sie es gut auch über einen längeren Zeitraum schaffen, sich auf die neue Umgebung einzulassen. Vor lauter Eindrücken vergessen sie, dass auch sie eigentlich von Zeit zu Zeit ihre sichere Anlaufstelle brauchen. Hier neigt man dazu, die Eingewöhnung zu schnell für beendet zu erklären, und den Kindern den normalen Alltag im Betreuungssetting zuzumuten. Doch wenn die Anfangseuphorie nachgelassen hat, zeigt sich oft, dass sie eben doch noch nicht so weit waren.

Irgendwann stellt sich die Frage nach der außerhäuslichen Betreuung allen Eltern

Egal, wie ihr die ersten Lebensjahre eures Kindes als Familie miteinander verbringt, irgendwann kommt die Zeit, in der ihr auch auf Betreuung außerhalb der Kernfamilie zurückgreifen werdet. In den vorangegangenen Kapiteln hast du schon viel darüber gelesen, warum weitere Bezugspersonen für dein Kind eine Bereicherung sind. Nun ist es Zeit, dass wir mal schauen, welche Betreuungsformen wann und für wen infrage kommen.

In der öffentlichen Debatte sprechen wir oft nur über Kinder, die in Kindertagesstätten gehen, und solche, die zu Hause von ihren Eltern betreut werden. Auch Begriffe werden hier häufig vermischt. Es ist aber wichtig, die verschiedenen Betreuungsmöglichkeiten gut voneinander zu unterscheiden, denn sie haben jeweils ihre ganz eigenen Vor- und Nachteile, und das

Wissen darum gibt dir gute Hinweise für die Frage, welcher Weg der richtige für euch sein könnte.

Krippen

Wenn du dich für außerhäusliche Betreuung von einem Kind unter drei Jahren entscheidest, hast du die Wahl zwischen mehreren Optionen. Zum einen gibt es Krippen. Krippenbetreuung bedeutet, dass dein Kind in einer Gruppe mit Kindern zusammen ist, die ebenfalls nicht älter als drei Jahre sind. Der Betreuungsschlüssel, also die Anzahl der Kinder, die auf eine Betreuungskraft kommen, ist in Deutschland im Durchschnitt auf 1:5 festgelegt. Das heißt, dass in einer Gruppe mit zehn Kindern in der Regel zwei in Vollzeit beschäftigte pädagogische Fachkräfte arbeiten. Das Konzept einer Krippengruppe unterscheidet sich meistens von dem einer altersgemischten Kitagruppe. Häufig sind zum Beispiel die Schlaf- und Ruhezeiten kleinkindgerechter geregelt. Ebenso wie der Tagesablauf ist auch die Einrichtung des Raumes komplett auf ganz kleine Kinder abgestimmt.

Gemischte Kitagruppen

Darüber hinaus können Kinder unter drei Jahren vielerorts aber auch in einer gemischten Kitagruppe betreut werden. Manchmal ist das Eintrittsalter hier jedoch etwas höher angesetzt, sodass die Kleinkinder erst mit anderthalb oder zwei Jahren kommen dürfen. Das hat meist etwas mit der Gruppeneinrichtung, Konzepten und Versicherungsfragen zu tun. Der Betreuungsschlüssel errechnet sich hier etwas komplizierter. Während für den Anteil der Kinder unter drei Jahren der gleiche Schlüssel gilt wie in einer Krippe, also nicht mehr als fünf Kinder auf eine Fachkraft, dürfen bei älteren Kindern bis zu zwölf Kinder von einer Kraft betreut werden. Dies trägt der Tatsache Rechnung, dass die Kinder im Laufe der Zeit immer selbständiger werden. Auch ist es so, dass in diesen altersgemischten Gruppen das Verantwortungsgefühl der Großen für die Kleinen gestärkt werden soll. Das Zusammensein der verschiedenen Altersklassen kommt Familienstrukturen am nächsten, in denen auch zu allen Zeiten ältere Kinder auf kleinere aufgepasst haben. Die Nachteile liegen auf der Hand: Oft kann man in solchen Gruppen nicht allen Altersklassen gerecht werden. Entweder ist der Gruppenalltag für die kleinen Kinder extrem anstrengend und ermüdend, oder die großen kommen zu kurz. Hier kann man durch die richtigen Konzepte allerdings einiges abfedern. Eine Kita, die über genügend Personal und räumliche Möglichkeiten verfügt, kann zum Beispiel dafür sorgen, dass alle Kinder trotzdem immer mal wieder ihren Bedürfnissen entsprechende Impulse erhalten. Es lohnt sich aber gerade bei solchen gemischten Einrichtungen sehr genau hinzuschauen, wie die Verhältnisse sind und was möglich ist.

Tageseltern

Wer noch nicht möchte, dass sein Kleinkind in einer mehr oder weniger großen Einrichtung betreut wird, kann sich außerdem nach einer Tagesmutter oder einem Tagesvater umschauen. Vielerorts vermitteln die Jugendämter solche Tagespflegepersonen. Das hat den Vorteil, dass die Menschen, die dort ihre Betreuungsleistung anbieten, eine Qualifikation vorweisen müssen und auch regelmäßig kontrolliert werden. Natürlich geht es hier nicht um eine mehrjährige Ausbildung, so wie sie Erzieherinnen und Erzieher durchlaufen haben, aber um Grundkurse, die oft auch mit der Verpflichtung der regelmäßigen Weiterbildung verbunden sind.

Betreut werden die Kinder von Tageseltern meistens in deren eigenem Zuhause. In selteneren Fällen tun sich Tagespflegepersonen zusammen und mieten eigens Räumlichkeiten an, in der sie die Zeit mit den Kindern verbringen.

In der Regel dürfen Tagespflegepersonen bis zu fünf Kinder betreuen. Diese Art von Betreuung hat den Vorteil, dass sie familiärer und überschaubarer ist. Das Mitleben im Haushalt einer anderen Person kommt der Betreuung in der Familie sehr nah. Im Vergleich zu Krippen und Kitas ist die Bezugsperson hier konstant anwesend, und die Chancen für eine sichere sekundäre Bindung stehen gut. Allerdings ist hier auch eine große Portion Vertrauen in die Tagespflegeperson nötig, da sie die Kinder meistens allein betreut, ohne dass andere Erwachsene als Korrektiv vorhanden sind, noch dazu bei Kindern, die selbst noch relativ wenig von dem erzählen können, was sie tagsüber erlebt haben. Gerade hier ist es also wichtig, sehr genau hinzuschauen, für wen man sich entscheidet, und eigene ungute Gefühle, die sich beispielsweise im Rahmen der Eingewöhnung ergeben, sehr ernstzunehmen.

Individuelle Modelle

Neben diesen allgemein bekannten Pfaden gibt es aber auch immer Eltern, die sich für alternative Wege entscheiden. Meinen Weg – den der Betreuung innerhalb der Familie und mit Homeoffice – habe ich schon aufgezeigt. Doch nicht alle Eltern haben ihre eigenen Eltern oder andere Verwandte in greifbarer Nähe, und selbst wenn, können diese nicht immer die Betreuung übernehmen. An diese Stelle treten bei manchen Familien Co-Working und und Co-Betreuungsmodelle. Hier tun sich Familien zusammen, in denen mehrere Elternteile nicht in Vollzeit berufstätig sind, und stimmen ihre Zeiten so miteinander ab, dass sie wechselseitig ihre Kinder betreuen können.

Egal, wer jedoch in welcher Form auch immer mit in die Betreuung deines Kindes einbezogen wird – damit es gut funktioniert, wird dein Kind zu dieser Person eine eigene Bindung aufbauen müssen.

Außerhäusliche Betreuung muss der Bindung nicht schaden

Gerade in der Anfangszeit des Krippenausbaus in der BRD wurde die Bindungstheorie oft als Argument gegen frühe außerhäusliche Betreuung angeführt. Einige lasen aus ihr heraus, dass eine so frühe Trennung von primären Bindungspersonen sich schädlich auf die Kinder auswirkt. Diese Annahme greift aber zu kurz. Der Entwicklungspsychologe und Therapeut Gerhard J. Suess bringt es in seinem Papier „Missverständnisse über Bindungstheorie" wie folgt auf den Punkt: „Die Aussagen der Bindungstheorie und die Ergebnisse der Bindungsforschung haben noch nie ausgereicht, entweder pauschal für oder gegen Krippenerziehung Stellung zu beziehen."[22]

Kinder können, das haben wir in den vorangegangenen Kapiteln gesehen, mehrere Bindungspersonen haben, und sie können diesen Kreis auch erweitern. Natürlich haben nicht alle den gleichen Stellenwert im kindlichen Bindungssystem. Es gibt eine Hauptbindungsperson (oder einige wenige), und es gibt Nebenpersonen. Es geht nun bei der Eingewöhnung in eine neue Betreuungsumgebung darum, dass ein Kind die Gelegenheit bekommt, seinen Kreis an Bindungspersonen zu erweitern.

Diese Erweiterung gelingt besonders dann gut, wenn eine Hauptbindungsperson anwesend ist und diesen Prozess unterstützt, und wenn dem Kind genügend Zeit für diese Aufgabe zugestanden wird.

Mittlerweile werden Eingewöhnungen deshalb auch entsprechend gestaltet. Über einen Zeitraum von etwa sechs Wochen muss eine Bindungsperson anwesend oder zumindest erreichbar sein – und dass das tatsächlich selbst dann Sinn ergibt, wenn das Kind gefühlt vom ersten Tag an selbständig in seine Betreuungseinrichtung rennt, zeigt unser Beispiel.

Kinder müssen sich bei der Betreuungsperson sicher fühlen

Nach dieser Erfahrung mit unserem Sohn sind wir noch einmal relativ weit an den Anfang der Eingewöhnungsphase gesprungen. Ich war wieder vermehrt anwesend, um ihm Sicherheit und Verlässlichkeit zu vermitteln, bis er abgespeichert hatte, dass er diese auch bei seiner Bezugserzieherin finden kann. Erst dann war die Eingewöhnung abgeschlossen.

Eine Eingewöhnung ist jedoch nicht dann erfolgreich verlaufen, wenn ein Kind beim Abschied von den Eltern am Morgen nicht weint oder auch zwischendurch kein Heimweh bekommt. Vielmehr hängt der Erfolg davon ab, ob sich unser Kind von der neuen Bezugsperson auch trösten lässt, und ob diese neue Person für unser Kind zu einem weiteren sicheren Hafen werden kann, von dem aus es seine Umgebung erkundet und im Notfall zum Auftanken zurückkehrt.

Verlässlichkeit und Kontinuität sind die wichtigsten Faktoren

Es geht also darum, dass die Betreuungspersonen Nähe und Beziehung zu unserem Kind aufbauen. Damit dies gelingt, gelten die gleichen Voraussetzungen wie für uns in den ersten Lebensjahren unserer Kinder: Es geht darum, aufmerksam an der Seite des Kindes zu sein, seine Bedürfnisse wahrzunehmen und wann immer möglich zu befriedigen, seine Gefühle anzuerkennen, ihm beim Aushalten und Regulieren starker Gefühle zu helfen und verlässlich an seiner Seite zu sein.

Es ist wichtig, dass gerade Kleinkinder in der außerhäuslichen Betreuung wirklich verlässlich und kontinuierlich eine sichere Anlaufstelle vorfinden – denn eins muss auch gesagt werden: Dieser neue Lebensabschnitt bedeutet Stress für unsere Kinder. Dieser muss sich aber nicht unbedingt schädlich auswirken. Doch damit er das nicht tut, müssen die Rahmenbedingungen stimmen. Zum einen die, die das Kind in der Betreuung vorfindet: Dort muss es Personen geben, die Stress abmildern können, die aufmerksam sind, liebevoll und auch Körperkontakt anbieten. Doch auch die Art und Weise, wie die Zeit vor und nach der Betreuung zu Hause gestaltet wird, wirkt sich auf die Stressbewältigung der Kinder aus.

Bisherige Bindungserfahrungen helfen bei der Bewältigung

Darüber hinaus spielen aber auch die bisherigen Bindungserfahrungen eine Rolle, wenn es darum geht, wie gut Kleinkinder diese Stresssituationen bewältigen. Sicher gebundene Kinder verfügen über mehr Ressourcen und sind eher in der Lage, sich auch in einer neuen Situation Hilfe zu suchen als diejenigen, die auch zu Hause keine sicheren Bindungserfahrungen machen.

Wichtig ist auch, wie wir die Zeit zu Hause gestalten

Viele Eltern stellen sich auch die Frage, ob die Trennung der Bindung zwischen ihnen und dem Kind schadet. Dies muss nicht der Fall sein. Untersuchungen in verschiedenen anderen Kulturen, in denen Bindungsnetzwerke von Anfang an zum kindlichen Aufwachsen gehören und Kinder von sehr frühem Alter an tagsüber von anderen Menschen mitbetreut wurden, zeigen, dass es von besonderer Bedeutung ist, dass Kinder ihre Eltern auch weiterhin als schützend und umsorgend erleben, und dass diese kontinuierlich Zeit mit ihnen verbringen. Auch konnte nachgewiesen werden, dass es für die Bindungsqualität von besonderer Bedeutung ist, bei wem Kinder die Nacht verbringen.[23] Denn die Schlafenszeit hat auch über das Säuglingsalter hinaus eine wichtige Bedeutung, wenn es um das Bedürfnis nach Sicherheit und Geborgenheit geht.

Es hat sich aber auch gezeigt, dass die Qualität der Eltern-Kind-Bindung gerade dann unter der außerhäuslichen Betreuung leiden kann, wenn die Zeit zu Hause als hektisch und stressig empfunden wird und wenig Zeit zum Andocken bleibt. Auch ein schlechtes Gewissen von Seiten der Eltern kann diesen Stress befeuern und so dazu beitragen, dass das Befürchtete tatsächlich eintritt.

Gutes Abwägen ist gefragt

Es lohnt sich also, die Entscheidung über die Betreuung in den ersten zwei bis drei Lebensjahren gut abzuwägen und genau auf sich selbst, die persönlichen Notwendigkeiten und Ressourcen und auch auf die zur Verfügung stehenden Betreuungsmöglichkeiten zu schauen. Nicht immer kann hier eine für alle Seiten perfekte Entscheidung getroffen werden. Glücklicherweise gilt dann aber auch weiterhin, dass das kindliche Bindungssystem dynamisch ist, und dass die Grundlagen, die wir in den ersten Monaten geschaffen haben, einiges aushalten können. Außerdem haben wir in der verbleibenden Zeit mit unseren Kindern immer auch die Gelegenheit, unseren Teil dazu beizutragen, dass Stress abgemildert wird und positive Bindungserfahrungen gemacht werden können.

Es lohnt sich deshalb selbst bei unvollkommenen Lösungen

oft, mit der einmal getroffenen Entscheidung Frieden zu schließen. Gerade auch dann, wenn man sich seinen Weg vielleicht anders vorgestellt hatte und aufgrund von äußeren Umständen andere Entscheidungen treffen musste. Du bist der Situation nicht hilflos ausgeliefert, sondern kannst eine ganze Menge dafür tun, sie positiv zu gestalten!

12. Andocken und Kraft sammeln – Rituale, nachdem wir getrennt waren

Das Wichtigste in Kürze:

- *Der Aufenthalt in der außerhäuslichen Betreuung fordert deinem Kind viel ab. Es verbringt dort täglich eine große Anpassungsleistung, die ähnlich anstrengend ist wie eine Berufstätigkeit.*
- *Verbindende Momente – am besten mit körperlicher Nähe – helfen deinem Kind, wieder aufzutanken.*
- *Andockmomente sollten für euch alle erholsam und schön sein und brauchen nicht „pädagogisch wertvoll" gestaltet zu werden.*

Wir haben es im letzten Kapitel gesehen: Wie sehr außerhäusliche Betreuung euer Familienleben und auch die Qualität eurer Bindung beeinflusst, hängt auch davon ab, wie ihr in der restlichen Zeit des Tages miteinander lebt. Gerade bei kleinen Kindern ist die Situation nach der Betreuung von großer Bedeutung.

Wenn unsere Kinder aus einer Betreuungseinrichtung wieder zu uns nach Hause kommen, haben sie bereits viel geleistet. Sie waren mehrere Stunden mit anderen Menschen zusammen, mussten sich immer wieder an die Umstände und Regeln in diesen Settings anpassen, ihre Bedürfnisse vielleicht eine Weile aufschieben, einen hohen Lärmpegel aushalten und vielleicht haben sie uns auch zwischenzeitlich vermisst. Gleichzeitig war alles auch sehr schön und aufregend. Sie haben etwas gelernt, waren in Interaktion mit anderen und haben spannende Dinge erlebt. Mit diesem Cocktail an Eindrücken und Emotionen haben wir sie nun zu uns zurückgeholt.

Raum für Verbindung schaffen

Und nun geht es um Verbindung. Egal, wie die weitere Tagesplanung aussieht, welche Verpflichtungen noch auf uns warten, es ist wichtig, nach der Trennung erst einmal ein bisschen Raum für Verbindung zu schaffen.

Wie dieser aussehen kann, ist von Familie zu Familie unterschiedlich. Gerade bei kleinen Kindern hat dieses sich wieder Verbinden aber auch mit körperlicher Nähe zu tun.

Ein schönes Ritual zum Wiederverbinden ist deshalb ein Verbindungsort. Das kann dein Sofa sein, ein bequemer Sessel, eine Decke auf dem Fußboden oder bei schönem Wetter eine Decke auf der Wiese. Einfach ein Ort, der warm, weich und gemütlich ist und sich zum Kuscheln genauso eignet wie zum miteinander Raufen oder Toben, je nachdem, was dein Kind am ehesten benötigt, um wieder bei dir anzudocken.

Gerade bei ganz kleinen Kindern ist das Andocken übrigens oft wortwörtlich zu nehmen, nämlich dann, wenn sie noch gestillt werden. Viele Kinder profitieren davon, wenn nach der außerhäuslichen Betreuung eine Stillzeit eingeplant wird. Dabei geht es dann oft gar nicht so sehr um Nahrungsaufnahme (wobei auch der Kohldampf nach einigen Stunden außerhalb nicht unterschätzt werden darf), sondern um Nähe.

Was auch immer euch hilft: Es ist gut, wenn das Andocken (im wahrsten oder übertragenen Sinne des Wortes) seinen Raum in eurer Tagesplanung bekommt.

Als meine beiden älteren Kinder im Kindergartenalter waren, war ich gerade mit unserem dritten Kind schwanger. In den ersten Wochen war ich nach dem Abholen mittags so müde, dass ich kaum die Augen offenhalten konnte. Unser Andocken fand in dieser Zeit auf dem Sofa im Wohnzimmer statt. Dort kuschelten wir eine Weile und dann durften die Kinder ein bis zwei Folgen Caillou schauen, während ich tatsächlich die Augen zumachte. Du siehst, die Andockmomente müssen nicht immer pädagogisch wertvoll sein, auch solche Zeiten sind erlaubt und richten keinen nachhaltigen Schaden an. Mach es dir ruhig auch einmal einfach, wenn die Lebenssituation keine anderen Heldentaten hergibt.

13. Gott schützt dich hier und anderswo

Wenn unsere Kinder zu wachen und lebendigen Kleinkindern heranwachsen, fragen sich viele Eltern auch, wie sie ihren Glauben weitergeben und wie ihre Kinder in das, was für sie bereits selbstverständlich ist, hineinwachsen können.

Immer mal wieder erlebe ich hier, dass Eltern unsicher sind. Gerade im Zuge der Corona-Pandemie mussten viele Familien auf ein aktives Gemeindeleben verzichten. Doch oft braucht es nicht mal eine Pandemie, damit junge Eltern es schwer haben, regelmäßig Gottesdienste zu besuchen oder am Gemeindeleben teilzunehmen. Wenn die Kinder sehr klein sind, ist es oft eine schier unlösbare Aufgabe, sonntagsmorgens pünktlich aus dem Haus zu gehen, und nicht überall findet man kindgerechte Gottesdienststrukturen vor. Für die Erwachsenen hat Corona hier immerhin insofern eine Verbesserung gebracht, dass Gottesdienste nun bequem zu Hause online verfolgt werden können.

Doch wie können wir Kindern das Erleben des Glaubens ermöglichen?

Die gute Nachricht ist, dass die Entwicklung eines Glaubensfundaments bei Kindern nicht nur davon abhängig ist, ob sie von klein auf regelmäßig in eine Kirchengemeinde eingebunden waren (obwohl sich diese Einbindung tatsächlich positiv auf das Glaubensleben auswirken kann). Wir können in unserem Alltag selbst viel dazu beitragen, dass Kinder den Glauben an einen liebenden Gott im Himmel ganz natürlich mitnehmen. Das tun sie immer dann, wenn Gott auch bei uns zu Hause Thema ist. Wenn Gebete, zum Beispiel bei Tisch oder in der Nacht, von Anfang an dazugehören, lernen unsere Kinder, dass es im Himmel jemanden gibt, der an ihrem Leben teilhat, sie liebt und der von Grund auf gut ist.

Die ersten Schritte in die Welt, die unsere Kinder machen, wenn wir sie außerhäuslich betreuen lassen, sind ebenfalls ein guter Anlass, ein Glaubensritual einzuführen. Denn der gute und liebende Vater im Himmel sieht sie hier bei uns zu Hause, aber auch überall anders in der Welt.

Kinder begreifen solche Dinge unter anderem über Bilder. Als ein gutes, kindgerechtes Zeichen fürs Beschützt- und Behütetsein, empfinde ich zum Beispiel einen Schirm.

Ein Schirm schützt uns draußen vor Regen, aber auch vor zu viel Sonne. Wir können ihn überall mit hinnehmen und aufspannen, wann immer wir ihn brauchen.

In unseren Eltern-Kind-Kreisen haben wir einmal große, bunte Schirme aus Tonpapier gebastelt, die man sich an ein Fenster im Eingangsbereich, die Tür oder die Wand neben der Wohnungstür kleben konnte. Darunter haben wir kleine Passfotos von allen Familienmitgliedern geklebt, als sichtbares Zeichen dafür, dass sie immer gut geschützt sind! Vielleicht möchtest du ja deinen Kindern auch jeden Morgen an der Stelle, an

neukirchener
Mini-Auslese
KATRIN WEIDEMANN
Morgen Momente
99 Impulse für einen guten Tag
Marie Krüerke
Wo die Freude wohnt
Christina Herr
Die Strand-Spürnasen 5
Vorsicht Trickbetrüger!
HOTEL
neukirchener
Erhältlich in Ihrer Buchhandlung

Spiritualität & Glaube

Katrin Weidemann
Morgen-Momente

Kleine Morgen-Momente für Frühaufstehende und Morgenmuffel: In 99 kurzen Geschichten erzählt die Autorin mit liebevollem Blick von alltäglichen Momenten, die Mut machen, die einladen zum Nachdenken und vor allem: zum Hoffen.

geb., zweifarbig gestalt., 224 S.
ISBN 978-37615-6829-3
€ 16,00

Marie Krüerke
Wo die Freude wohnt

Dieses Kreativbuch öffnet die Tür zu einer Gedankenreise durch das Haus unseres Lebens. Jedes Zimmer lädt ein, die Freude einziehen zu lassen: ins eigene Leben und in unseren Glauben. Mit Platz zum Eintragen von
Gedanken und Gebeten.

geb., zweifarbig gestalt., 176 S
ISBN 978-3-7615-6828-6
€ 16,00

der dieser Schirm hängt, einen kleinen Segen mitgeben, sodass sie diesen Schutz auch noch einmal von dir zugesprochen bekommen?

Teil IV

14. Das Kitakind

Das Wichtigste in Kürze:

- *Kinder suchen von klein auf Kontakt zu anderen Kindern.*
- *Miteinander spielen sie jedoch erst mit etwa drei bis vier Jahren. Vorher spielen sie eher nebeneinander, doch auch davon können sie profitieren: Sie können einander beobachten, inspirieren, sich aneinander reiben oder Anteil an den Gefühlen des anderen nehmen.*
- *Freundschaften im Kindergarten sind oft von kurzer Dauer und wechseln häufig.*
- *Freundschaften unter Kindern kann man fördern, aber nicht erzwingen.*
- *Teilen müssen Kinder erst lernen, und es ist kontraproduktiv, sie dazu zu zwingen. Das Teilen zu lernen ist ein langsamer Prozess, der zusammen mit Empathie und Verständnis für die Welt wächst und durchaus acht bis zehn Jahre dauern kann.*
- *Kinder, die die Erfahrung machen, dass sie gut miteinander spielen können, können auch im Kitaalter schon längerfristige Freundschaften miteinander eingehen.*
- *Genauso kann es sein, dass Freundschaften bis ins Grundschulalter hinein dynamisch bleiben.*
- *Auch häufiges Alleinspielen ist erst einmal kein Grund zur Sorge, solange das Kind damit zufrieden ist.*

Neue Kinder

„Der da ist mein Freund." Das Kind zeigt auf einen Jungen in einer gelben Jacke, der auch gerade zum Kindergarten gebracht wird. Ich sehe ihn zum ersten Mal. „Wie heißt er denn?", frage ich zurück. „Weiß ich nicht," antwortet das Kind, „aber wir haben gestern Piratenschiff gespielt, und er hat mir was von seinem Muffin abgegeben!" Im kindlichen Universum kann es kaum einen größeren Freundschaftsbeweis geben.

Kinder spielen erst ab etwa drei Jahren wirklich miteinander

Kinder suchen von Anfang an auch den Kontakt zu anderen Kindern. Schon bei Babys kannst du beobachten, dass sie größeren Kindern nachschauen und sehr interessiert daran sind, was diese machen. Oft suchen sie auch durch Mimik und Blickkontakt die Interaktion mit ihnen. Sobald sie sich bewegen können, wirst du feststellen, dass es sie dorthin zieht, wo auch andere Kinder spielen.

Wirklich *mit* den anderen spielen sie allerdings nicht. Bei Kindern unter drei Jahren kann man eher sehen, wie sie *nebeneinander* spielen: Sie sitzen gern zusammen, vielleicht tauschen sie sogar mal ein Spielzeug aus oder reichen einen Baustein hin und her, doch was ihr Spiel angeht, sind sie in diesem Alter noch sehr auf sich bezogen. Das heißt aber nicht, dass sie von diesem gemeinsamen Nebeneinander nicht auch profitieren würden. Sie inspirieren sich durchaus gegenseitig und lernen auch einen ersten Umgang mit anderen. Vielleicht greift ein Kind nach dem Spielzeug des anderen, und das andere Kind zeigt, ob es damit einverstanden ist oder nicht. Man kann auch beobachten, dass Kinder unter drei bereits Anteil daran nehmen, wenn ein anderes Kind weint und getröstet werden muss.

Auch Einzelheiten, die ein Kind besonders und unterscheidbar machen, prägen sich bei anderen Kindern bereits ein. So kann es sein, dass ein Kind jedes andere Kind mit einer roten Mütze zukünftig Oskar nennt, wenn es in seiner Umgebung einen Oskar mit einer roten Mütze gibt.

Mit etwa drei Jahren beginnen die Kinder dann, gemeinsam zu spielen, an etwas zu bauen oder sich eigene kleine Rollenspiele auszudenken.

Freundschaften im Kindergarten sind oft eher kurzfristige Arrangements

Wer in dieser Zeit der Freund oder die Freundin ist, ändert sich jedoch noch relativ häufig. Freund oder Freundin ist jemand, mit dem sich unsere Kinder in diesem Moment gut verstehen oder mit dem sie etwas Positives, wie zum Beispiel ein schönes gemeinsames Spiel oder einen geteilten Muffin, verbinden. Genauso schnell kann es passieren, dass ein anderes Kind nicht mehr und „nie, nie, nie wieder!" der Freund unseres Kindes ist. Denn genauso euphorisch und überschwänglich, wie diese frühen Kindergartenfreundschaften geschlossen werden, können sie auch enden. Oft reicht es, dass das andere Kind heute nicht teilen wollte oder dass man sich nicht auf ein gemeinsames Spiel einigen konnte.

Wenn Kinder in diesem Alter von Freundschaft sprechen, bedeutet das, dass ein anderes Kind nett zu ihnen war. Beschäftigt jedoch eine negative Erfahrung mit diesem Kind gerade die kindliche Seele, dann ist diese Freundschaft *für den Moment* zerbrochen. Kinder in diesem Alter sind noch nicht zu ambivalenten Empfindungen gegenüber anderen fähig. Deshalb kann sich die Beziehung zu einem anderen Kind auch mehrmals täglich ändern. So kann der Junge, der am Ende des Kindergartentages auf keinen Fall mehr der Freund deines Kindes war, am Nachmittag beim zufälligen Treffen wieder zum allerbesten Freund werden, wenn die beiden dort eine angenehme Spielerfahrung machen.

Freundschaften kann man fördern, aber nicht erzwingen

Solange unsere Kinder klein sind und Spielbesuche am Nachmittag noch mit uns zusammen stattfinden, suchen wir Erwachsenen oft aus, mit wem sich unsere Kinder verabreden. „Man guckt ja schon auch ein bisschen drauf, dass man die Eltern auch sympathisch findet," sagte ein Freund mal sehr ehrlich zu mir, als es um die Frage ging, mit wem seine Kinder gerne spielen. Und ja: Das ist völlig nachvollziehbar. Gerade in der Lebensphase, in der Kinder oft noch unsere Begleitung wünschen, ist es für uns deutlich schöner, wenn wir einen Nachmittag in angenehmer Gesellschaft verbringen, statt mit jemandem, mit dem wir so gar nicht gern zusammen sind.

Weil Kinderfreundschaften in diesen frühen Kindergartenjahren zudem noch sehr dynamisch sind, spricht auch grundsätzlich gar nichts dagegen, Verabredungen ein bisschen nach deinen eigenen Bedürfnissen als Mutter oder Vater auszuwählen.

Mit der besten Freundin unserer mittleren Tochter hat das zum Beispiel ganz wunderbar funktioniert – denn auch ihre Mama und ich sind eng befreundet, und über viele Jahre war der Mini-Teilchen-Donnerstag unser fester Termin. Eine ging zum Bäcker unseres Vertrauens, bei dem es eben jene Teilchen im Angebot gab, und dann ging es mit voller Tüte und Kindern ab zur anderen Familie. Es waren Nachmittage, an denen uns Großen nie Gesprächsstoff und Kaffee, den Kleinen niemals die Spielideen ausgingen.

Du solltest allerdings nicht erwarten, dass es auf jeden Fall klappt. Ich zum Beispiel habe mich sehr gefreut, als unsere dritte Tochter mit der Tochter von Silke in eine Kitagruppe kam. Silke und ich kannten uns schon von unseren älteren Kindern und hatten uns dann ein bisschen aus den Augen verloren. Was für eine tolle Möglichkeit, die Freundschaft wieder aufleben zu lassen, indem wir uns zukünftig mit unseren kleinen Töchtern trafen! Doch leider sahen die Mädels das ganz anders: Sie fanden so gar keinen Zugang zueinander. Wenn wir uns trafen, spielten sie nebeneinanderher, aber nie miteinander. Und so lief es nur, wenn es ein guter Nachmittag war. Oft genug stritten sie die meiste Zeit oder aber eins der Mädels weigerte sich von vorneherein, zu dieser Verabredung zu gehen. Sie kamen einfach nicht miteinander klar, alles Reden, alles Versuchen, jeder noch so schöne Rahmen, um den wir uns bemüht hatten, um es den beiden schmackhaft zu machen – es war umsonst. Silke und ich mussten einsehen, dass wir uns stattdessen abends ohne Kinder treffen mussten, um in Kontakt zu bleiben. Mit funktionierte auf jeden Fall nicht.

Teilen macht nicht immer Spaß!

Dafür spielte unsere Tochter gern mit den Nachbarjungen. Die drei sind als Trio Infernale in der ganzen Gegend verschrien. Kein Baum zu hoch, keine Straße zu weit, um nicht von diesem Gespann entdeckt zu werden. Viele Jahre hielten sie zusammen wie Pech und Schwefel und verbrachten so ziemlich jeden Nachmittag miteinander. Meistens funktionierte es. Doch es gab einen Punkt, der war echt kompliziert. Unser Kind spielte sehr gern mit dem Spielzeug der Jungs von nebenan. Doch wehe, einer wollte ihre Dinge anfassen! Das führte oft zu Tränen, denn Teilen fiel diesem Kind jahrelang sehr schwer.

Als Mutter bin ich dadurch in die eine oder andere peinliche Situation geraten. Denn auch wenn ich als Pädagogin weiß, dass Kinder im Kindergartenalter noch nicht teilen können müssen, ist die gesellschaftliche Erwartung eine andere. „Teilen, teilen, das macht Spaß", heißt es in einer Strophe eines Sankt-Martins-Liedes. Dabei stimmt das für Kinder im Klein- und Kindergartenalter leider so gar nicht. Im Gegenteil: Anderen etwas abgeben zu müssen, das ihnen lieb und teuer ist, wirkt auf sie oft beängstigend. Den eigenen Besitz zu schützen und zu verteidigen, ist ein sehr natürliches Verhalten für Menschenkinder und deutet nicht daraufhin, dass sie unsozial oder gar schlecht erzogen wären.

Wie in vielen anderen Bereichen ist es auch beim Teilen so, dass Kinder diese Fähigkeit langsam und in ihrem Tempo entwickeln. Keinesfalls sollten sie zum Teilen mit anderen gezwungen werden. Dies hemmt die Entwicklung hin zum freiwilligen Teilen nämlich eher, als dass es ihr nützt, weil das Kind hier erlebt, dass *ihm selbst* dabei wenig Empathie entgegengebracht wird.

Wenn wir andere Kinder zu uns nach Hause einladen, ist es daher gut, vorher mit dem Kind zusammen zu überlegen, welche Spielsachen das andere Kind nehmen darf und welche vielleicht so lange an einem sicheren Ort verwahrt werden.

Teilen braucht Empathie

Anders als bei unseren Verwandten, den Schimpansen, ist eine gewisse Bereitschaft, anderen etwas abzugeben und zu teilen, beim Menschen schon sehr früh vorhanden. Man kann das schon bei Kindern von etwa anderthalb Jahren in bestimmten Situationen beobachten. Immer dann, wenn sie sich gut in eine andere Person einfühlen können und das, was geteilt werden soll, ihnen selbst nicht ganz so wichtig ist, geben sie ab.

Grundsätzlich sind sie aber in diesem Alter noch sehr selbstbezogen. Das ergibt aus Sicht der menschlichen Entwicklung auch durchaus Sinn: Um überleben zu können, mussten Menschenkinder seit jeher ihren Besitz beschützen und verteidigen.

Mit der Entwicklung der Empathie steigt dann auch die Bereitschaft zum Teilen.

Je nach Persönlichkeit dauert es aber lange, bis Kinder von Herzen gern etwas abgeben. In den ersten acht bis zehn Lebensjahren entwickelt sich die Fähigkeit langsam.

Kindergartenfreundschaften können auch längerfristig sein

Wenn Kindergartenkinder die Erfahrung machen, dass das gemeinsame Spielen und Zusammensein mit einem Kind besonders gut klappt, dann können sich auch in diesem Alter schon langfristigere Freundschaften entwickeln. Kinder im Alter von vier bis fünf Jahren können bereits einen besten Freund oder eine beste Freundin haben.

Genauso gut kann es aber sein, dass die freundschaftlichen Beziehungen über die ganze Kindergartenphase sehr dynamisch und locker bleiben. Abgesehen davon, dass es auch hier wieder eine Frage der Persönlichkeitsentwicklung ist, gibt es auch einfach unterschiedliche Freundschaftstypen. Manche Menschen haben immer eher wenige, ganz enge Freundschaften. Sie gehen oft mit einer besten Freundin oder einem besten Freund und ein paar weiteren engen Bezugspersonen durchs Leben. In der einen oder anderen Lebensphase kommt jemand hinzu oder geht. Der Kreis bleibt aber immer überschaubar, und die Beziehungen sind nah. Andere Menschen sind gern Teil einer größeren Clique, in der die Beziehungsqualität oft zu vielen Menschen in etwa gleichwertig ist. Die meisten von uns Erwachsenen werden sich selbst wahrscheinlich irgendwo zwischen diesen beiden Polen ansiedeln. Und auch unsere Kinder entdecken in diesen frühen Jahren langsam, was ihnen mehr entspricht.

Allein spielen ist nicht unbedingt ein Grund zur Sorge

Manchmal sorgen sich Eltern, wenn ihre Kinder auch mit drei oder vier noch eher viel für sich spielen und nicht aktiv nach Kontakt zu anderen Kindern suchen. Auch hier gilt aber: Sie dürfen sich in *ihrem* Tempo entwickeln. Außerdem sind manche Kinder mit sich allein auch sehr glücklich. Sie brauchen das Spielen mit anderen nicht so sehr. Solange das Kind mit der Konstellation zufrieden wirkt, gern in den Kindergarten geht und sich je nach Situation auch einmal zusammen mit anderen Kindern beschäftigen kann, besteht gar kein Grund zur Sorge.

Wenn dein Kind allerdings unglücklich mit dieser Situation ist und auch nicht gern in den Kindergarten geht, ist das ein Grund, genauer hinzuschauen. Vielleicht braucht es mehr Unterstützung, um mit anderen Kindern in Kontakt zu kommen. Ein Gespräch mit den pädagogischen Fachkräften kann hier helfen, gute Lösungen zu finden.

15. Neue Themen

Das Wichtigste in Kürze:

- *Wenn andere Kinder im Leben unserer Kinder eine größere Bedeutung gewinnen, sind wir manchmal auch mit aus unserer Sicht unpassenden Spielideen, Schimpfwörtern oder Medienkonsum konfrontiert.*
- *Dies bedeutet nicht zwangsläufig, dass andere Eltern etwas falsch machen, die Gründe, warum bei ihnen andere Regeln gelten, sind vielschichtig.*
- *Für Kinder kann es eine wertvolle Erfahrung sein zu lernen, dass jede Familie ihre eigenen Regeln hat und dass diese sich oft auch stark unterscheiden können.*
- *Andere Regeln in anderen Familien dürfen uns aber auch inspirieren. Es lohnt sich in jedem Fall, mit anderen Eltern wertfrei ins Gespräch zu kommen und herauszufinden, was diese bewogen hat, ganz anders zu entscheiden, als wir es getan haben.*
- *Wenn wir dennoch bei unserer Haltung bleiben wollen, ist es wichtig, die Werte unserer Familie stark zu machen, statt die der anderen abzuwerten.*

- *Beim Umgang mit Schimpfwörtern empfiehlt es sich, Kindern zu erklären, warum etwas nicht gesagt werden darf und das benutzte Wort ggf. auch in seiner eigentlichen Bedeutung zu erläutern.*
- *Beim Thema Mediennutzung ist es unabdingbar, dass Eltern sich selbst gut informieren und medienkompetent werden. Nur so können sie gute Entscheidungen für ihre Kinder treffen.*

Bitte was? Ich hatte mich jawohl verhört! Vor mir stand mein Kindergartenkind und hatte soeben ein Schimpfwort gesagt, das ich hier aus Jugendschutzgründen lieber gar nicht aufschreibe. Ich atmete ein paar Mal tief durch und fragte dann nach, woher das Kind dieses Wort denn kenne. „Das sagt der Konrad immer“, war die Antwort. Na, das hätte ich mir ja denken können. Wenn bei uns etwas landet, was eigentlich nicht hier hingehört, seien es Schimpfwörter, zweifelhafter Medienkonsum oder Vorstellungen von Freizeitgestaltung, die sich so gar nicht mit meinen decken, fällt immer der Name Konrad.

Ich habe Konrad natürlich frei erfunden. Es gibt ihn nicht. Und es gibt ihn doch. Ich glaube jedes Kind hat in seinem Umfeld einen Konrad: Einen oder eine, die ganz anders aufwächst, als wir das für unsere Kinder richtig finden. Witzigerweise glaube ich außerdem, dass es einige Familien hier im Ort gibt, für die meine Kinder Konrad sind – die Kinder, die Dinge in das Familienleben hineintragen, die die anderen Erwachsenen da gerne (noch) nicht gehabt hätten.

Deshalb weiß ich auch, dass es meistens überhaupt nicht so ist, dass die Eltern dieser Konrads irgendetwas falsch machen. Manchmal – speziell beim Thema Schimpfworte oder Medien! –, genügt es nämlich, dass Konrad ältere Geschwister hat und mein Kind oder dein Kind nicht. Falls du schon mehr als ein Kind hast, kennst du das vielleicht: Beim ersten Kind gibt es Zucker frühestens zum ersten Geburtstag und selbst dann nur in Maßen. Von Bildschirmen wurde es mindestens drei Jahre ferngehalten und danach gab es höchstens 20 Minuten Seriengucken. Mit jedem weiteren Kind schlichen sich vielleicht Ausnahmen in deinen Alltag, weil es zum Beispiel gar nicht immer möglich ist, dein kleines Kind vom Bildschirm wegzuhalten, wenn das Große seine Medienzeit hat. Außerdem – seien wir doch mal ganz ehrlich: Es kann manchmal ungeheuer praktisch sein, wenn Geschwister sich auf diese Art eine Weile gemeinsam beschäftigen.

Andere Familien, andere Sitten – das ist eine wertvolle Erfahrung für dein Kind

Doch trotz dieses Wissens heißt das natürlich nicht, dass du den Weg mitgehen musst, den Konrads Familie geht. Denn wenn in deiner Familie andere Regeln gelten, hast du sicher gute Gründe dafür. Für dein Kind ist das eine wertvolle Erfahrung. Es lernt, dass Dinge an einem Ort so und an einem anderen ganz anders sein können. Auch wenn es manchmal sowohl für unsere Kinder als auch für uns frustrierend ist, wenn die Regeln anderer Familien bei uns zu Hause für Diskussionen sorgen, so ist es doch auch eine gute Gelegenheit, uns mit uns selbst und dem, was für uns zählt, auseinanderzusetzen.

Wichtig finde ich es hier, dass wir unsere Kinder ernstnehmen. Wenn sie herausgefunden haben, dass Konrad zu Hause fluchen darf und viel länger am Tablet sitzt, finden sie es gemein, dass es bei uns nicht so ist. Oft höre ich an dieser Stelle Eltern antworten, dass es ihnen egal sei, was Konrad dürfe. In meiner Kindheit gab es den Spruch: „Wenn Konrad von der Brücke springt, springst du ja auch nicht hinterher." Ich weiß, was damit zum Ausdruck gebracht werden soll: Dass wir zu unseren eigenen Regeln stehen. Das finde ich eine gute Sache. Gleichzeitig haben unsere Kinder aber auch schon in frühen Jahren das Recht zu verstehen, warum es bei uns so und bei anderen auf eine andere Art gehandhabt wird.

Gründe für die anderen Regeln hinterfragen

Wir können Kindern an dieser Stelle erklären, warum uns eine Regel besonders wichtig ist. Außerdem können wir genau auf die Situation in der anderen Familie schauen: Vielleicht darf Konrad mehr, weil er bereits ein Jahr älter ist? Vielleicht, weil er dafür an anderer Stelle weniger Freiheit hat? Vielleicht, weil er oder seine Eltern andere Bedürfnisse haben und andere Grenzen benötigen?

Manchmal kann es auch helfen, ehrlich neugierig auf die Beweggründe anderer Familien zu sein und interessiert nachzufragen. Vielleicht haben Konrads Eltern ja gute Gründe dafür, dass sie etwas ganz anders machen als wir – und wer weiß, vielleicht inspirieren sie uns am Ende sogar dazu, im einen oder anderen Bereich auch etwas lockerer zu sein.

Die eigenen Werte stark machen, ohne andere abzuwerten

Doch es wird ganz sicher auch Momente in deinem Elternleben geben, an denen du das, was andere Familien tun, nicht inspirierend findest und vielleicht sogar richtig doof. Besonders wenn dein Kind sich ein Kind als Freund oder Freundin ausgewählt hat und du dich regelmäßig sehr daran störst, wie Dinge in der anderen Familie gehandhabt werden, ist Fingerspitzengefühl angebracht.

Im Kindergartenalter neigen Eltern dann dazu, den Kontakt zwischen dem eigenen Kind und dem, das so anders aufwächst, gar nicht erst entstehen zu lassen. Aus Erfahrung kann ich jedoch sagen, dass das nur begrenzt funktioniert. Im Kindergarten wird eine solche Trennung aus sehr guten Gründen normalerweise nicht unterstützt, und Kinder, die sich gernhaben, finden immer wieder zueinander. Außerdem werden uns solche Themen für den Rest unseres Elternlebens begleiten. Wir werden noch oft tief durchatmen müssen, wenn wir mitbekommen, welche Regeln für Freunde unserer Kinder gelten oder eben nicht gelten. Von daher schlage ich vor, dass du dir von Anfang an einen Weg suchst, damit umzugehen, der Freundschaften ermöglicht, ohne dass du deine Werte infrage stellen musst.

Wichtig finde ich hier, die eigenen Werte stark zu machen, statt die andere Familie abzuwerten. Statt: „Ich finde es furchtbar, dass Konrad so viel Tablet spielen darf, wie er will!“, kannst du zum Beispiel sagen, dass du eure festen Medienzeiten wichtig findest, weil ihr so mehr Zeit für andere schöne Dinge im Familienalltag habt.

Ich weiß, dass das manchmal gar nicht so einfach ist, denn manche Verhaltensweisen stoßen bei uns auf sehr großen inneren Widerstand, gerade wenn sie nicht nur Sache der anderen Familie bleiben, sondern in Form von Schimpfwörtern oder nicht altersgerechten Filmen oder Verhalten bei unseren Kindern landen.

Umgang mit Schimpfwörtern

Was den Umgang mit Schimpfwörtern angeht, sind meine Kinder vielleicht tatsächlich für einige Familien die Konrads, denn wir sind recht tolerant, was das Fluchen angeht. Zumindest bis zu einer bestimmten Schmerzgrenze, die wir für uns klar festgelegt haben. Wir haben sie anhand unserer Werte und dem, was uns für das Zusammenleben wichtig ist, gefunden. Das Wort, das mein Kind eines Tages von Konrad gehört hatte, befand sich jenseits dieser Grenzen. Das konnte mein Kind jedoch natürlich gar nicht wissen. Und das ist meistens das Problem bei grenzwertigen Kraftausdrücken, die unsere Kinder von irgendwo mitbringen: Sie haben gar keine Ahnung, was sie damit sagen, wen sie vielleicht verletzen oder was das Wort im eigentlichen Sinn bedeutet. Oft versuchen wir an dieser Stelle anzusetzen. Vor allem wenn Schimpfworte nicht nur den Gegenüber beleidigen, sondern auch verletzend und diskriminierend für andere Menschen sind, erklären wir das den Kindern möglichst kindgerecht. Wichtig finde ich hierbei, das Fingerspitzengefühl zu bewahren, denn dein Kind hat das Gesagte mit Sicherheit nicht so gemeint und wird sich eventuell sehr schämen, wenn du erklärst, was das eigentlich bedeutet.

Auch bei Worten, die Körperteile oder sexuelle Handlungen bezeichnen, bin ich ein Fan davon, altersgerecht und sachlich auf die eigentliche Bedeutung hinzuweisen. Oft verliert ein Schimpfwort dadurch schnell seinen Reiz.

Andere Worte bleiben über längere Zeit sehr beliebt, und die Kinder finden es total lustig, sie zu sagen. „Bei den Kleinen geht es den ganzen Tag nur um Popo und Feuerwehr“, sagte eine Vorschülerin eines Morgens total genervt im Kindergartenflur. Sie hatte gar nicht so unrecht. Es gibt eine Phase, da ist alles, was mit Körperausscheidungen zu tun hat, total witzig. Diese Zeit übersteht man am besten, wenn man ihr möglichst wenig Bedeutung beimisst.

Umgang mit Medien

Wenn andere Familien eine völlig abweichende Vorstellung davon haben, welche Medien ihre Kinder ab welchem Alter und wie lange nutzen dürfen, ist der Umgang damit schon komplizierter. Nicht, solange es sich nur insofern auswirkt, dass deine Kinder erzählen, dass der Konrad schon viel mehr darf, denn darauf kannst du entsprechend reagieren und deine eigenen Werte und Gründe vertreten. Blöd wird es, wenn dein Kind bei anderen zu Hause Dinge spielen oder anschauen darf, die du noch nicht erlauben würdest.

Zunächst kannst du hier natürlich schon frühzeitig gegensteuern, indem du die anderen Eltern vor Spielbesuchen darauf hinweist, dass dein Kind dieses oder jenes noch nicht darf. In nahezu allen Fällen reicht das vollkommen.

Manchmal musst du deine Grenzen ein bisschen dehnen

Gleichzeitig finde ich es hier gut, die Grenzen nicht zu eng zu setzen, sondern eine gewisse Flexibilität zu behalten. Sicher hast du zum Beispiel gute Gründe, warum es bei dir zu Hause nur vor dem Abendessen erlaubt ist, eine Folge einer Serie zu schauen. Bei Konrad gibt es aber vielleicht gute Gründe, dass er mittags eine Weile Medien nutzen darf. Vielleicht verschafft sich seine Mutter so die nötige Ruhe, um Konrads kleine Schwester schlafen zu legen. Wenn dein Kind über Mittag dort ist, geht die Welt nicht unter, wenn es ebenfalls ein bisschen mehr Medien konsumiert, als du das normalerweise für richtig hältst.

Mediennutzung wird in der Öffentlichkeit oft sehr reißerisch diskutiert

Bedenke bei diesem Thema generell, dass das Thema Mediennutzung von Kindern bei uns oft sehr emotional und in der Presse auch oft reißerisch diskutiert wird. Nicht jede Warnung vor angeblich katastrophalen Auswirkungen von Medienkonsum in der frühen Kindheit lässt sich wissenschaftlich so auch belegen. Natürlich gibt es Grenzen – und besonders, wenn du das Gefühl hast, dass dein Kind aufgrund von nicht altersgerechter Nutzung Ängste hat oder Probleme, Gesehenes zu verarbeiten, musst du das Gespräch mit anderen suchen. Generell finde ich aber, dass Gelassenheit nicht schaden kann.

Jede Familie geht ihren Weg – das eigene schätzen, das andere stehenlassen

Wenn unsere Kinder ein Stück weiter in die Welt gehen, vergrößern wir automatisch unseren Radius an anderen Familien, mit denen wir in Kontakt kommen. Während wir uns, wie bereits erwähnt, in den frühen Jahren oft mit uns in vielen Dingen ähnlichen Menschen umgeben konnten, werden wir irgendwann im Kindergartenalter vermehrt mit Menschen konfrontiert, die ganz anders leben und erziehen als wir. Wir alle neigen dazu, das Verhalten anderer zu bewerten. Das ist erst einmal ein ganz normaler Vorgang. Wenn du in deiner Familie um einen gemeinsamen Weg gerungen hast und glaubst, genau den richtigen gefunden zu haben, und jemand anders läuft seine Strecke genau umgekehrt, löst das bei uns manchmal Unbehagen aus. Oft denken wir: Wenn deren Weg richtig ist, muss meiner ja falsch sein. Doch so einfach funktioniert das mit der Kindererziehung leider nicht.

Gute Medienpädagogik

Die Welt der Medien, die unsere Kinder nutzen, hat sich im letzten Jahrzehnt rasant verändert und verändert sich weiter. Oft ist es für Eltern schwierig, im Dschungel der vielen Möglichkeiten einen Überblick zu behalten. Die Informationen, die man zu Auswirkungen und Gefahren der Mediennutzung erhält, sind nicht immer fundiert. Es ist gut, sich hier Informationen aus Quellen zu holen, die viel Expertise und Sachlichkeit und möglichst wenig Kulturpessimismus mitbringen, denn alles andere verunsichert eher, als dass es hilft. Ich persönlich kann die Initiative „Schau hin" sehr empfehlen. Dort erhält man viele Anregungen und Tipps, wertvolle Informationen und einen guten Wegweiser zum Finden der eigenen Familienregeln für TV, Netflix, Tablet, Handy und Co.[24]

Es wäre schön, wenn es „den einen Weg“ gäbe. Dann könnte ich ihn hier aufschreiben, alle würden sich daranhalten und hätten ein schönes und sorgenfreies Familienleben. Doch leider steht dem die Tatsache entgegen, dass wir alle Menschen mit unterschiedlichen Lebensgeschichten, Schwierigkeiten, Stärken und Gefühlen sind. Wir sind von Gott so einzigartig gemacht, dass es keinen von uns ein zweites Mal gibt – und genau deshalb können wir auch als Eltern nicht alle gleich sein. Eine andere Mutter hat immer andere Ängste und an anderen Stellen Vertrauen. Sie kann immer mit anderen Dingen geduldiger umgehen als du, während sie vermeintliche Kleinigkeiten völlig auf die Palme bringen. Ihre Kapazitäten sind nicht deine und nicht die des Vaters von nebenan. Während deine Hutschnur reißt, grinst sie. Während du dem Eltern-Feierabend entgegenfieberst, hat sie Spaß daran, ihren spielenden Kindern zuzuschauen und bringt sie erst um 22 Uhr ins Bett. Während du deinem Kind erlaubst, allein zum Spielplatz zu laufen, kriegt der Vater von nebenan schon die Krise, wenn sein Sohn allein im Garten ist. Ihr habt eure Gründe für euer Verhalten – und in eurem Leben ergeben sie Sinn.

Wir werden nie alles richtigmachen

Und ganz sicher werden die anderen etwas tun, was sich in der Rückschau als richtig schlechte Idee entpuppt – und du auch. Das ist völlig in Ordnung. Ihr dürft da gnädig miteinander sein und vor allen Dingen mit euch selbst. Den einen richtigen Weg gibt es sowieso nicht, es gibt nur den, den ihr gerade geht. Er wird euch nicht ohne Schrammen und blaue Flecken zum Ziel führen, aber auch nicht ohne Spaß, Liebe und unvergessliche Momente. Geh einfach weiter!

16. Typisch Mädchen – typisch Jungs! Ist das wirklich so?

Das Wichtigste in Kürze:

- *Wir behandeln Kinder unterschiedlich, je nachdem, ob wir sie als Junge oder als Mädchen sehen.*
- *Mode, Spielsachen oder Medien prägen schon früh die Rollenbilder unserer Kinder.*
- *Zu enge Rollenvorstellungen schaden unseren Kindern und können sie in ihrer Entwicklung hemmen.*
- *Der Unterschied zwischen den Geschlechtern ist viel geringer als Klischees vermuten lassen.*
- *Gendersensible Erziehung bedeutet, dass man sich bei der Begleitung von Kindern darüber bewusst ist, dass wir ihnen aufgrund ihres Geschlechts automatisch Dinge zuschreiben. Als Eltern können wir dem entgegenwirken, indem wir ihnen die ganze Palette der kindlichen Lebenswelt zugänglich machen und sie selbst entscheiden lassen, was davon zu ihnen gehören soll.*

Während ich über dieses Kapitel nachdachte, hatte ich ein sehr bezeichnendes Erlebnis. Ich hatte das Privileg, meinen Schreibtisch für ein paar Tage gegen einen wackeligen Campingtisch an der fränkischen Mainschleife auszutauschen, um neben dem Schreiben ein bisschen Sonne zu tanken und mich mit meiner Familie von unserer kürzlich überstandenen Corona-Erkrankung zu erholen. Wir standen direkt am Wasser. Unsere Tochter schoss unseren Fußball durch die Gegend. „Lieber nicht an diesem Abhang", rief ich ihr noch zu, doch ich hatte kaum zu Ende geredet, da hörte ich es bereits platschen, und unser Ball schwamm auf den Main hinaus. Bei gerade einmal 13 Grad Wassertemperatur war an Hinterherschwimmen nicht zu denken. Doch dann kam ein anderes Kind mit einem langen Stock angelaufen, und die beiden versuchten, den Ball zu erwischen. Erfolglos. „Ich weiß, wo er anspülen könnte", rief das Kind dann. „Los, komm!" Meine Tochter sah mich fragend an. „Na, geh schon mit dem Mädchen mit", rief ich. „Pass aber auf, dass ihr nicht ins Wasser fallt, ja, Nils?", schaltete sich dann die Mutter des anderen Kindes ein. Ich lächelte ihr entschuldigend zu. Da war ich wohl genau in die Falle getappt, über die ich in diesem Kapitel schreiben wollte: Ich hatte einem Kind aufgrund eines äußeren Merkmals – in diesem Fall langer Haare – ein Geschlecht zugeschrieben – das falsche! Als kurz darauf mein eigener langhaariger (!) Junge um die Ecke kam, lachten die Mutter und ich herzlich miteinander über meinen Fauxpas. Zeitgleich fischte Nils zusammen mit meinem Fußball-Mädchen mit den stets aufgeschlagenen Knien und ungekämmten Haaren unseren Ball aus dem Wasser. „Na, die ist jawohl ein halber Bub", scherzte eine ältere Dame, die die Kinder dabei beobachtet hatte.

Ach, Geschlechterklischees – wir sind alle nicht frei davon!

Mädchen und Jungen wachsen auch heute noch unterschiedlich auf

Das alles könnte einfach nur ein Grund sein, herzlich zu lachen, wäre die Frage danach, welches Geschlecht unser Kind hat, nicht immer noch für so viele Dinge wegweisend. Unbewusst, und selbst dann, wenn wir das weit von uns weisen würden, behandeln wir Kinder nämlich unterschiedlich, je nachdem, ob sie als Mädchen oder als Junge geboren werden. Das beginnt schon beim Kauf von Kinderkleidung. Neben der Farbwahl sieht man das oft auch an Aufdrucken auf Bodys oder T-Shirts. Da gibt es den „Kleinen Superhelden" für Jungen und „Papas Prinzessin" für Mädchen; wahlweise den „Boss" oder die „Mini-Zicke", und natürlich alle möglichen Bilder oder Sprüche, die entweder Stärke (bei Jungs) oder Schönheit (bei Mädchen) als wichtige Eigenschaft ausweisen. Dahinter steckt mehr als ein bloßer Shirt-Aufdruck, denn dadurch werden gesellschaftliche Erwartungen an das jeweilige Geschlecht zum Ausdruck gebracht. Aus diesen wiederum leiten sich Verhaltensweisen ab, und auch die Art und Weise, wie wir dieses Verhalten bewerten. So bekommt Papas Prinzessin vielleicht mehr körperliche Zuwendung, wird aber gleichzeitig weniger ernst genommen, wenn sie ihre Bedürfnisse kommuniziert, denn sie ist ja auch eine „Mini-Zicke". Der „Boss" darf seine Bedürfnisse notfalls auch laut und mit Kraft zum Ausdruck bringen, denn er ist ja ein Junge – gleichzeitig neigen wir bei ihm eher dazu, seine Emotionen weniger fürsorglich zu begleiten.

Spielzeuge zielen oft nur auf ein Geschlecht ab

Das Geschlecht eines Kindes und die daran geknüpften Erwartungen prägen es von Beginn an, auch wenn es um die Frage nach Spielzeug, Hobbys oder Freundschaften geht. Gerade der Trend zu geschlechtsspezifischem Spielzeug scheint in den letzten Jahren sogar extremer geworden zu sein. Während es in meiner Kindheit beispielsweise einfach rotweiße Schokoladeneier mit einer Überraschung darin gab, gibt es diese heute in der Jungs- und in der Mädchen-Edition. In der für Jungs finden wir zum Beispiel Autos oder Actionfiguren, während Mädchen kleine Püppchen oder niedliche Tiere erhalten.

Neutrale Angebote für Kinder hingegen muss man regelrecht suchen. Dadurch, und auch durch die Darstellung von Jungen und Mädchen in Büchern und Kinderserien, werden verschiedene Rollenvorstellungen sehr früh in die Köpfe von Kindern gepflanzt.

Die Frage nach dem Geschlecht hat weitreichende Auswirkungen

Dies hat weitreichende Auswirkungen auf das weitere Leben. Denn noch immer sind sowohl die Arbeitsteilung in Familien als auch die Vorstellungen von möglichen Berufen eng mit der Frage verknüpft, ob man zum weiblichen oder zum männlichen Teil der Menschheit gehört. Machtpositionen sind auch heute noch überwiegend in Männerhand, und anderseits ist der ganze Sektor der Fürsorgearbeit eher weiblich geprägt. Dies schlägt sich nicht nur auf den Verdienst und in Konsequenz auf die Absicherung im Alter nieder, sondern beispielsweise auch auf die Gesundheitsvorsorge oder auf Erwartungen, die an die jeweilige Lebensgestaltung gestellt werden.

Leidtragende sind beide Geschlechter, denn auch Männer, die auf den ersten Blick in ihren Möglichkeiten weniger eingeschränkt sind, haben wenig Vorbilder und stoßen auf wenig Verständnis, wenn sie sich im häuslichen oder außerhäuslichen

Fürsorgebereich eher aufgehoben fühlen als im Handwerk oder der Chefetage.

Schon Kinder tut diese Verengung nicht gut

Doch wir brauchen gar nicht so weit in die Zukunft zu schauen. Dass diese Zuschreibungen auch unseren Kindern nicht guttun, zeigt das Beispiel von Carlotta. Carlotta war ein fröhliches Mädchen, das gern in den Kindergarten ging und seine Freizeit am liebsten mit zwei gleichaltrigen Jungs aus der Nachbarschaft verbrachte. Sie kletterten auf Bäume und ließen sich von einem älteren Herrn aus der Straße in dessen Werkstatt Holzschwerter und Schilde zurechtsägen, mit denen sie dann Ritter spielten. Doch im letzten Kindergartenjahr, kurz nach dem fünften Geburtstag des Mädchens, veränderte sich Carlottas Verhalten. Sie hatte auf einmal keine Freude mehr am täglichen Kitabesuch und wollte auch in der Freizeit nicht mehr mit ihren Freunden spielen. Eines Tages eröffnete sie ihrer Mutter, dass sie viel lieber ein Junge wäre. Nach mehreren Gesprächen, in die Carlottas Bezugserzieherin eingebunden war, stellte sich heraus, dass Carlotta eigentlich ganz gern ein Mädchen war. Doch der Rahmen, den sie für ihr Dasein als Mädchen vorfand, war ihr zu eng. Dies zeigte sich besonders im Kindergarten. In der Jungs-Clique, in der Carlotta normalerweise heimisch war, hatte sich die Idee durchgesetzt, dass Mädchen keine Ritter oder Superhelden sein könnten, und wenn Carlotta dort mitspielte, sollte sie auf einmal das Lager bewachen und Essen kochen, denn das, so die Meinung einiger Jungs, sei die Aufgabe von Mädchen. Kein Wunder, dass Carlotta, die am liebsten mit Schwert und Schild durch die Gärten rannte, sich dort nicht mehr wohlfühlte und ihre Rolle als Mädchen kritisierte.

Zu eng gefasste Vorstellungen von Jungs und Mädchen schaden der Entwicklung

Wenn wir die Rahmen dessen, was wir für Jungen und Mädchen im Kopf haben, zu eng ziehen, schaden wir ihrer Entwicklung. Denn anders als die oft von den unterschiedlichen Geschlechtern gezeichneten Bilder uns weismachen wollen, sind die Unterschiede zwischen Mädchen und Jungen oder Männer und Frauen viel geringer, als wir annehmen würden.

Die Neurobiologin Lise Eliot zeigt in ihrem Buch „Wie verschieden sind sie? Die Gehirnentwicklung bei Mädchen und Jungen" auf, wo die beiden Geschlechter sich wirklich unterscheiden und was sie gemeinsam haben. Sie kommt zu dem Schluss, dass die folgenreichsten Unterschiede, die wir zwischen Mädchen und Jungen wahrnehmen, eben nicht angeboren sind, sondern im hohen Maße von Lernerfahrungen abhängen.[25]

Eliot zeigt auf, dass es natürlich sehr wohl Unterschiede gibt, die sich von Anfang an in der Gehirnentwicklung feststellen lassen. Diese betreffen körperliche Reife, Größe des Gehirns, aber auch Anfälligkeit für Krankheiten in den ersten Lebensmonaten und Sinneswahrnehmungen. Nur haben diese Unterschiede eben nicht die Auswirkung auf das spätere Leben, auf Talente, kognitive Leistungen, Temperament oder Vorlieben, die wir ihnen gern zusprechen. Im Gegenteil: Unter völlig gleichen Bedingungen würden sie nicht sonderlich stark ins Gewicht fallen. Wie wir allerdings schon gesehen haben, finden Mädchen und Jungen diese gleichen Bedingungen bei uns von Anfang an nicht vor.

Im Kindergarten sind die Unterschiede oft sehr sichtbar

Trotzdem ist es kein Zufall, dass Carlotta aus unserem Beispiel gerade im späteren Kindergartenalter damit begonnen hat, ihre Geschlechtsidentität infrage zu stellen und auch von den Jungs infrage gestellt wurde. Denn in der Altersspanne von etwa zwei Jahren bis zum Schuleintritt entwickeln sich Jungen und Mädchen wirklich recht unterschiedlich. Genauer gesagt ist dieses Spannungsfeld in dieser Zeit größer als beispielsweise im Erwachsenenalter. Tatsächlich kann man bei Kindern in dieser Lebensphase starke Vorlieben für geschlechterspezifisches Spielzeug und auch für bestimmte Farben beobachten. Lise Eliot zeigt in ihrem Buch auf, dass sich diese Unterschiede weder ausschließlich mit den genetischen Unterschieden zwischen Jungs und Mädchen erklären lassen noch allein durch Sozialisation. Die Erziehungswissenschaftlerin Dagmar Kasüschke sieht einen Grund hierfür in dem in dieser Altersspanne entstehenden Bewusstsein für die eigene Geschlechtszugehörigkeit. Sie entwickeln, so Kasüschke in dieser Zeit eine sehr rigide Vorstellung von den jeweiligen Geschlechtern und grenzen sich stark vom anderen Geschlecht ab. Deshalb ist auch das Verhalten der Jungen in Carlottas Gruppe nicht ungewöhnlich. Soziale Einflüsse bestimmen hier stark mit, welche Verhaltensweisen Kinder den jeweiligen Geschlechtern zuweisen.[26]

Weder Genetik noch Sozialisation sind allein verantwortlich

Denn ja – es scheint angeborene Unterschiede zwischen den Geschlechtern zu geben, die dafür sorgen, dass ein Mädchen in diesem Alter lieber zu einer Puppe greift, während ein Junge sich in der Mehrheit der Fälle für das Spielzeugauto entscheiden würde. Doch diese Unterschiede sind nicht so stark, dass sie allein erklären, dass das kindliche Spielverhalten in den Kindergartenjahren in dem Maße auseinandergeht, wie es oft wahrgenommen wird. Dazu kommt, dass es immer auch Kinder gibt, die sich nicht so eindeutig verorten und entweder beide Spielangebote nutzen würden oder sich eben nicht ihrer Geschlechtszuschreibung konform verhalten.

Gendersensible Erziehung als Weg, beide Geschlechter gut zu begleiten

Hier kommt das Wort gendersensible Erziehung ins Spiel, das du vielleicht auch schon gehört hast. Gendersensible Erziehung ist nicht das Gleiche wie genderneutrale Erziehung, bei der es darum geht, dass Geschlechterunterschiede gar keine Rolle spielen sollten. Gendersensibel meint viel mehr, das Kind, das man ins Leben begleitet, genau zu sehen und auch hier wieder zu schauen, wer das ist, was dieser kleine Mensch möchte und braucht, und wie du ihn oder sie optimal fördern und begleiten kannst. Es bedeutet, dass du dir darüber bewusst sein solltest, dass wir durch die Kategorien „Mädchen" und „Jungen" automatisch auch immer in Schubladen denken und bei dem einen Geschlecht oft unbewusst andere Entscheidungen treffen würden als bei dem anderen. Und hier geht es dann darum, diese Entscheidung kritisch zu hinterfragen. Veronika Smoor, selbst Mutter von zwei Töchtern, hat sich in ihrem Buch „Problemzone Frau" mit der Frage beschäftigt, ob und wie gendersensible Erziehung ihren Töchtern nutzt. Sie bringt ihre Erfahrungen und Beobachtungen auf den Punkt:

„Mädchen, die geschlechtssensibel erzogen werden, sind mit zehn meist noch ganz sie selbst. Sie kosten die ganze Bandbreite des Menschseins aus."[27]

Und wir sind es beiden Geschlechtern im Heranwachsen

schuldig, dass sie als Kinder diese Bandbreite wirklich auskosten dürfen. Wir schulden es den Carlottas und auch ihren männlichen Gegenübern, die gern mit Puppen spielen und Sandkuchen backen. Wir schulden es den Jungen, die genauso ein Recht darauf haben, getröstet zu werden, genauso wie den Mädchen, die lernen sollen, dass sie sich auch selbst ein Schwert schnitzen dürfen und nicht auf den rettenden Prinzen warten müssen. Wir schulden es ihnen, weil wir sonst Unterschiede zementieren, die im Normalfall gar nicht so groß sein müssten.

Es darf „typische Jungs" und „typische Mädchen" geben

Bedeutet das jetzt, dass es falsch ist, wenn dein Kind ein „typischer Junge" ist – also Autos und Schwerter Puppen vorzieht, gern mit anderen seine Kräfte misst und Mädchen blöd findet? Natürlich nicht – genauso wenig wie ein Mädchen „verkehrt" ist, das den gängigen Klischees entspricht. Denn eine gendersensible Erziehung bedeutet keineswegs das Abwerten von Geschlechtern, deren Unterschiede oder Neigungen und Begabungen, die gemeinhin eher Jungs oder Mädchen zugeordnet werden. Wenn die Kinder, die wir begleiten, sich auf ihre Art wohlfühlen, dürfen wir ihnen das lassen. Wir müssen einem Mädchen, das rosa Einhörner liebt, weder ein ferngesteuertes Auto zum Geburtstag schenken noch ein vermeintlich geschlechtsneutrales Spielzeug, an dem es gar keine Freude hat. Das wäre übergriffig, manipulativ und hätte nicht den kleinen Menschen im Blick, sondern würde die eigenen Einstellungen oder Ängste zur Handlungsweisung machen.

Es geht vielmehr darum, unseren Kindern die ganze Bandbreite an Spielzeug, Freizeitbeschäftigung und Freundschaften zuzugestehen und nicht von vorneherein eine Auswahl vorzunehmen.

Letztlich geht es ja auch bei der Frage nach gendersensibler Erziehung darum, einen kleinen Menschen beim Wachsen und Werden zu begleiten und ihn so sein zu lassen, wie Gott ihn sich ausgedacht hat, anstatt ihn in eine Richtung zu zwingen, die gesellschaftliche Trends gerade vorgeben.

Wieso Gender und nicht Geschlecht?

„Gender" ist in christlichen Kreisen manchmal ein Reizwort. Doch in seiner eigentlichen Bedeutung macht es eine wichtige Unterscheidung deutlich: Angelehnt an die Unterscheidung im englischsprachigen Raum geht es hier darum, das biologische Geschlecht (sex) vom sozialen (gender) zu unterscheiden. Dies ergibt Sinn, wenn wir uns mit Rollenzuschreibungen und Erwartungen an Jungen und Mädchen beschäftigen. Diese unterscheiden sich nämlich je nach Kultur und Zeit und sind, anders als das biologische Geschlecht, nicht erst einmal feststehend. Wenn wir also den Begriff „Gender" in Bezug auf Erziehung verwenden, trägt das der Tatsache Rechnung, dass wir uns mit dem auseinandersetzen müssen, was von Mädchen und Jungen in unserer Gesellschaft und in unserer Zeit erwartet wird.

17. Trennen und Wiederverbinden

Das Wichtigste in Kürze:

- *Auch bei älteren Kindergartenkindern ist eine Zeit zum Auftanken und Verbinden nach der Trennung wichtig, denn die Zeit im Kindergarten bleibt fordernd.*
- *In der Verbindungszeit mit älteren Kindern geht es dann nicht mehr nur um Körperkontakt, sondern auch um Austausch und ums Zuhören.*
- *Auch hier gilt: Richtig ist, was euch in diesem Moment guttut.*

„Ich möchte doch nur einmal, dass unser Nachmittag stressfrei abläuft. Aber egal, was ich tue, Luisa hat schlechte Laune. Dabei gehe ich mit ihr auf ihren Lieblingsspielplatz, ich habe Snacks dabei, und manchmal kaufe ich sogar Eis.“

Ich konnte Luisas Mutter sehr gut verstehen, als sie mir im Rahmen meiner Beratung ihr Leid klagte. Sie hatte ihre Arbeitszeiten extra so gelegt, dass sie nachmittags für ihre Tochter Zeit hatte und mit ihr schöne Dinge unternehmen konnte. Dafür schob sie Haushalt und andere Verpflichtungen auf und ignorierte ihre eigene Erschöpfung, um Zeit mit Luisa zu verbringen. Doch statt gemeinsamem Spaß stand an solchen Nachmittagen oft Frust im Vordergrund.

Der Unterschied zwischen Wünschen und Bedürfnissen

Luisas Mutter arbeitete täglich sechs Stunden, von acht bis um zwei. Danach eilte sie zur Kita, um ihre Tochter zu holen. Dass das manchmal bei aller Freude, die die eigene Berufstätigkeit mit sich bringt, auch ganz schön anstrengend sein kann, wissen wir alle. Eigentlich wäre es nach einem fordernden Arbeitstag auch nett, sich erst einmal mit einem Kaffee auf die Couch zu setzen und aufzutanken. Doch Luisas Mama wollte ihrer Tochter am Nachmittag gern Wünsche erfüllen. Schließlich sollte das Mädchen nicht unter der Arbeit der Mutter leiden.

Doch tatsächlich verwechselte Luisas Mama hier Wünsche und Bedürfnisse. Denn es war zwar so, dass Luisa nach dem Kindergarten oft den Wunsch nach Eis oder Spielplatzbesuchen äußerte, allerdings *brauchte* sie erst einmal etwas ganz anderes. Auch Kindergartenkinder haben nämlich einen „Arbeitstag“ hinter sich, wenn wir sie am Nachmittag dort abholen. Erwachsene übersehen das oft.

Auch Kindergartenkinder haben hart gearbeitet

Kindergartenkinder müssen sich einem Rhythmus anpassen, der von anderen vorgegeben wird, und der nicht immer ihrem eigenen Biorhythmus entspricht. Sie sind zudem nie allein, sondern verbringen viele Stunden mit vielen anderen großen und kleinen Menschen in einem Raum. Es ist auch dann laut, wenn sie es gern leise hätten, nicht immer haben sie die Möglichkeit, das zu spielen, worauf sie gerade Lust haben, und sie müssen ihre Bedürfnisse mehrmals am Tag hinter denen der Gruppe zurückstellen. Das schadet ihnen nicht per se, sondern ist natürlich auch eine wichtige Lernerfahrung – aber es ist eben auch anstrengend!

Das Bindungsgummiband schnellt zurück

Dazu kommt, dass sie von ihren primären Bindungspersonen getrennt sind. In den vorherigen Kapiteln hast du ja viel darüber gelesen. Auch, dass diese Trennung erlernt werden muss und sichere Bindungen zu den Bezugspersonen in der Betreuung entstehen können. Diese helfen unseren Kindern durch den Tag und sorgen dafür, dass sie sich auch an diesem Ort sicher und geborgen fühlen. Ersetzen können sie uns allerdings nicht. Denn trotz alle dem bleibst du die Powerbank deines Kindes, die Station, an der es sich aufladen und all die – selbst für dein Kind selbst unbewusst ablaufenden – Herausforderungen des Tages verarbeiten darf.

In Luisas Fall hieß das, dass zunächst eine Verbindungszeit in den Alltag eingebaut werden musste, ähnlich wie im letzten Kapitel bei noch kleineren Kindern beschrieben. Ein kleines Ritual, dass nur ihr und ihrer Mutter gehörte. Es musste reizärmer ablaufen, als das auf dem Spielplatz oder beim Eis essen möglich gewesen wäre.

Luisa musste ihren Mama-Akku aufladen. Das Bindungsgummiband, dass sich den ganzen Tag über geweitet hatte, schnellte am Nachmittag zurück. Was sie brauchte, war Nähe.

Es geht um Wahrnehmen und Zuhören

Anders als bei den kleineren Kindern, bei denen der Körperkontakt nach der Trennung eine zentrale Rolle einnahm, geht es hier mehr darum, einander wahrzunehmen und zuzuhören.

Wie diese Momente aussehen können, das ist – wie immer – von Familie zu Familie unterschiedlich. Es hat etwas mit euren Persönlichkeiten, individuellen Bindungsbedürfnissen und Ressourcen zu tun.

Die Teerunde am Nachmittag als Verbindungsmoment

Ich habe in meiner Familie die „Teerunde" eingeführt, als unsere Kinder im Kindergartenalter waren. Jeden Nachmittag haben wir uns kurz zusammengesetzt, einen Snack gegessen, meistens ehrlicherweise keinen Tee, sondern Wasser oder Kakao getrunken und uns gegenseitig von unserem Tag erzählt. Je nach Jahreszeit haben wir dabei entweder am Esstisch vor brennenden Kerzen gesessen, unter Decken auf dem Sofa herumgelungert oder es uns mit Eis auf der Picknickdecke im Garten gemütlich gemacht. Es war unser täglicher Verbindungsmoment. Danach hatten wieder alle Energie für andere Dinge.

Verbindungsritual nicht überfrachten

Wenn du auch so ein Ritual für deine Familie schaffen möchtest, dann schlage ich vor, dass du schaust, wie viel Zeit ihr dafür täglich zur Verfügung habt, wie viele von euch daran teilnehmen sollen, was ihr nach einem arbeitsreichen Vormittag wirklich braucht und was euch allen guttut. Bitte versuche nicht, hier besonders pädagogisch wertvoll zu sein, sondern lieber in Beziehung mit deinem Kind und dir selbst. Alles, was euch in diesem Moment hilft, ist gut für euch als Familie. Einander kurz ansehen und wahrnehmen kann man zu Hause am Esstisch genauso wie im Auto auf dem Parkplatz eines Drive-Ins oder auf der Picknickdecke, während man Wolken beobachtet.

18. Jesus mit allen Sinnen – Glauben entdecken im Kindergartenalter

Wie kam jetzt gleich noch mal der Osterhase in die Grabeshöhle und warum hatte der Eier dabei? Hatte einer der drei Könige einen roten Mantel und hat Maria Lebkuchen geschenkt? Gehört Rudolph das Rentier jetzt dem Bischof Nikolaus, und wieso ist der eigentlich von der Türkei an den Nordpol gezogen?

Im Kindergartenalter stehen wir als Eltern oft vor vielen Fragezeichen. Egal wie du es bisher mit Weihnachtsmann und Osterhase gehandhabt haben, spätestens im Austausch mit anderen Kindern wird auch deins anfangen, Fragen zu stellen und sich für diese beiden Figuren zu interessieren. Wir haben uns hier zu Hause für einen entspannten Umgang mit all den besonderen Märchen rund um unsere heiligsten Feste entschieden. Wenn die Kinder an den Osterhasen glauben wollten, haben wir das Spiel mitgespielt. Eins durften Weihnachtsmann und Co. bei uns jedoch nie sein: Erziehungshelfer. Wir haben nie damit gedroht, dass die Geschenke zu diesen Festen ausbleiben, wenn unsere Kinder nicht brav sind.

Denn egal, ob bei uns auch mal ein Osterhase durch den Garten gehoppelt ist oder ein Christkind ein bisschen Glitzerstaub im Flur verlor: Unsere Kinder sollten immer wissen, warum wir diese Feste feiern. Wir haben Wert daraufgelegt, ihnen von Jesus zu erzählen. An Weihnachten. An Ostern. Im restlichen Jahr. Und Jesus – der steht für Liebe, Gnade, Vergebung und unfassbare Freude – und nicht für erhobene Zeigefinger und ausbleibende Geschenke!

Es ist leicht, Kindergartenkinder von Gottes Liebe zu erzählen, denn mittlerweile gibt es ganze Regale voller gut gemachter und schön bebilderter Kinderbibeln, Geschichten für spezielle Zeiten im Jahr und kurzen Vorlesebüchern über Menschen und ihren Glauben. Da in unserem Haus sowieso viel vorgelesen wird, war es nie ein Problem, auch für all diese Geschichten offene Ohren und begeisterte Zuhörer zu finden.

Doch gerade im Kindergartenalter ist Glaube mehr als eine Geschichte, die jemand erzählt. Unsere Kinder möchten ihn erfahren und erleben. Sie möchten dem Reiz dieser uralten Erzählungen nachspüren und ihn neu entdecken. Wir haben diesen gern mit ganz einfachen Mitteln sichtbar gemacht, mit Dingen, die nicht viel Geld kosten und eigentlich immer im Haus waren.

Eines unserer Rituale ist in der Vorweihnachtszeit die Reise von Maria und Josef zur Krippe. Wir stellen unsere leere Krippe immer schon am ersten Advent auf. Anschließend machen sich Maria und Josef dann von irgendeinem Ort des Schrankes aus auf den Weg und werden jeden Sonntag von einem Kind ein Stück näher an den Stall gerückt. An Heiligabend kommen sie schließlich dort an, und nach dem Gottesdienst darf eins von den Kindern Baby-Jesus in die Krippe legen (falls du diese Tradition auch einführen möchtest, empfehle ich dir, dir jedes Mal aufzuschreiben, welches Kind in diesem Jahr dran war – aus Gründen!)

Wenn dir deine Krippenfiguren zu kostbar sind, um sie in kleine Kinderhände zu geben, kannst du auch improvisieren. Im Internet gibt es einen riesigen Fundus von Anleitungen, wie du mit deinem Kind aus Korken oder Klorollen Krippenfiguren nachbasteln kannst.

An Ostern haben wir erfahrbar gemacht, dass aus etwas scheinbar Totem neues Leben entstehen kann. Dafür haben wir Eierschalen sauber ausgespült, ein bisschen Watte hineingelegt, sie in einen leeren Eierkarton gesetzt und vorsichtig Kresse-Samen auf der Watte verteilt. Wenn ihr nicht vergesst, die Watte feucht zu halten und das Ganze etwa 10 Tage vor Ostern vorbereitet, erwartet euch zum Osterfrühstück das Wunder des neuen Lebens – leckere Kresse, die auf den Eiern gewachsen ist.

Und was ist jetzt mit diesem ganzen Brimborium darum herum?, fragst du dich jetzt vielleicht. Was machst du nun mit Hasen in Latzhose mit Pinseln in der Hand, mit alten Männern in roten Mänteln und kindlichen Englein mit goldenen Näschen? Sollten sie nicht vielleicht lieber draußen bleiben, weil dein Kind am Ende sonst alles für ein Märchen hält und den Glauben an das Kind in der Krippe, das am Kreuz starb und dem leeren Grab entstieg, sonst in die gleiche Kategorie einsortiert?

Ich kann diesen Impuls einerseits verstehen. Anderseits spielt Glaube in christlichen Familien meist eine so sichtbare Rolle, dass dein Kind sehr wohl den Unterschied merken wird. Irgendwann wird der Schwindel rund um diese Figuren auffliegen – aber ich habe die Erfahrung gemacht, dass ein authentisch und 365 Tage im Jahr gelebter Glaube davon unberührt bleibt. Kinder können hier unterscheiden.

Letztlich ist es aber deine Entscheidung, wie du damit umgehst. Eins finde ich jedoch wichtig: Zum Glauben mit allen Sinnen darf auch die Erfahrung gehören, dass es Zeiten im Jahr gibt, die so dermaßen besonders sind, dass man schon beim puren Gedanken daran Kribbeln im Bauch bekommt. Weihnachten und Ostern sollten unbedingt dazugehören. Wie ihr diese Zeit zu einer ganz besonderen macht, das bleibt euch überlassen. Für meine Kinder riecht der Advent nach frisch gebackenen Lebkuchen und klingt wie all die alten Lieder, die wir zu dieser Zeit singen. Manche handeln von Jesus, Maria und Josef, andere von Rentieren mit roten Nasen und dem Nikolaus, der durch den Kamin rutscht.

Ich glaube fest daran, dass all der Kitsch, der uns rund um diese Feste begegnet, dem Glauben unserer Kinder nicht im Wege steht. Im Gegenteil – wenn er gut dosiert zur Freude aller eingesetzt wird, kann er die Neugierde auf das wahre Geheimnis hinter all dem noch verstärken, denn zwei der wichtigsten Ereignisse der Christenheit sind für sie immer mit wundervollen Erinnerungen verknüpft. Gibt Schlimmeres, oder?

Teil V

19. Die tollen „großen Kleinen“

Das Wichtigste in Kürze:

- *In der Wackelzahnpubertät dehnt sich das Bindungsgummiband weit aus. Unsere Kinder lösen sich ein Stück von uns ab. Genauso heftig schnellt es aber dann im nächsten Moment auch wieder zurück, und unsere Kinder sind wieder sehr bedürftig.*
- *Der Spagat zwischen Autonomie und Verbundenheit sorgt in dieser Phase wieder für mehr Reibung.*
- *Kinder sind reifer geworden und nehmen die Welt anders war. Ihre Fragen und Themen sind ernsthafter.*
- *Auch körperlich verändern sie sich – sie machen den Wandel vom Kleinkind zum „Großkind“ durch.*
- *Die Wackelzahnphase eignet sich gut, um ein neues Miteinander einzuüben, Kinder stärker zu beteiligen und Regeln und Grenzen gemeinsam miteinander zu verhandeln.*

Falls du schon einmal etwas von mir gelesen oder gehört hast, dann vielleicht auch den Satz, dass die Wackelzahnpubertät – also die Phase von etwa fünf bis neun Jahren – mein persönlicher Endgegner als Mutter ist. Ich lache dabei, wenn ich darüber spreche. Aber zum Lachen war mir gar nicht, als mein erstes Kind in diese Entwicklungsphase kam.

Eben noch war ich froh gewesen, dass alles mal ein bisschen ruhiger wurde. Wir hatten unsere Wege im Spagat zwischen Autonomie und Verbindung gefunden, das Kind ging sicher eingewöhnt und auch ganz gern in die Kita, verabredete sich am Nachmittag mit Freunden und schlief abends problemlos alleine ein. Ich wollte es mir gerade mit einem Kaffee in einem Liegestuhl auf der Sonnenseite des Mama-Lebens bequem machen, als es hinter mir donnerte und krachte – und schnell wurde mir klar, dass es diesen Liegestuhl auf der Sonnenseite nicht gibt. Oder doch, es gibt ihn – aber immer nur inmitten des Chaos. Du darfst dort Platz nehmen, für ein paar Minuten, um auf dein Leben und deine Kinder zu schauen und die Gegenwart zu genießen. Aber immer mit dem Wissen, dass der Kaffee in deiner Hand jederzeit kalt werden und ohne Vorwarnung ein heftiges Gewitter über die sonnige Terrasse ziehen kann. Es gibt im Elternleben nicht den einen Moment, in dem die leichtere Zeit beginnt. Es wird immer nur anders. Es gibt immer neue Themen, die dich fordern und solche, die dir eine riesige, unbändige Freude bereiten. Die Spannung zwischen Autonomie und Verbindung besteht weiter. Das Gummiband wird länger – und schnellt manchmal umso heftiger zurück.

Eine Phase, in der das oft besonders sichtbar und spürbar ist, beginnt etwa in der Vorschulzeit deines Kindes. Von der sogenannten Wackelzahnphase liest man seltener als beispielsweise von der Autonomiephase im Kleinkindalter. Während der erste Gestaltwandel, wie diese Phase auch einmal bezeichnet wurde, vor etwa 30 Jahren noch einen wichtigen Teil der Entwicklungspsychologie ausmachte,[28] ist das Wissen darum später in den Hintergrund getreten. Das erklärt auch, wieso diese Phase eher seltener in Ratgeberliteratur zu finden ist. Erst seit etwa 10 Jahren liest man wieder etwas mehr darüber.

Das Kleinkind wird zum Großkind

Zunächst einmal setzt in dieser Phase ein körperlicher Wandel ein. Dein Kind verliert sein „kleinkindliches" Äußeres und wird zu einem „Großkind". Arme und Beine werden länger, viele Kinder werden schlaksiger und auch das Gesicht verändert sich. Letzteres liegt vor allen Dingen daran, dass der Kiefer sich verändert – denn darin wird Platz für neue Zähne benötigt.
Auch im Kopf deines Kindes verändert sich in dieser Zeit viel: Seine Ausdrucksweise wird komplexer, und auch die Dinge, über die es sich Gedanken macht, sind nun ernster und weitreichender. Seine Fragen an dich und die Welt werden verständiger und tiefer, und es bekommt mehr von dem mit, was um sich herum passiert. Das ist wundervoll, denn eure Beziehung verändert sich dadurch zum Guten, mehr Dialog wird möglich. Außerdem ist es anstrengend, besonders für dein Kind selbst.

Das Bindungsgummiband dehnt sich

Und wie schon angedeutet: Das Bindungsgummiband dehnt sich in dieser Phase weit aus. Unsere Kinder haben mittlerweile sehr selbstverständlich Kontakt mit anderen Kindern, und Freundschaften haben einen hohen Stellenwert in ihrem Leben bekommen. Während wir in den frühen Jahren der Mittelpunkt ihres Universums waren, leuchten nun andere helle Sterne neben uns. Keine Angst – wir sind noch immer der Fixstern und bleiben es noch ein paar Jahre, aber die Bedeutung anderer nimmt deutlich zu. Unser Kind löst sich ein Stück weit von uns.

Die Wackelzahnpubertät ist so viel schöner als ihr Ruf

Wenn diese Phase einfach wäre, hätte sie natürlich in den letzten Jahren keinen neuen Platz in der Literatur und in Blogs und sozialen Medien bekommen. Wir schreiben und sprechen vor allem deshalb darüber, weil die Wackelzahnpubertät für alle Beteiligten herausfordernd ist. Doch das ist nur ein Teil der Geschichte. Daneben ist es nämlich eine ganz wundervolle Phase, die du, so oft du kannst, in vollen Zügen genießen solltest.

Eins meiner Kinder hat mich kürzlich gefragt, welche Phase ich am Muttersein bisher am schönsten fand, und ich habe natürlich geantwortet, dass ich das Leben mit ihnen bis jetzt zu jeder Zeit wundervoll fand. Dann habe ich aber doch ein bisschen darüber nachgedacht und festgestellt, dass es tatsächlich die Jahre zwischen sechs und etwa zwölf sein könnten, die ich doch ein bisschen mehr mochte. In Anbetracht der Tatsache, dass diese Entwicklungsphase gleichzeitig mein persönlicher Endgegner ist, schon erstaunlich, oder?

Und eigentlich auch nicht, denn zum Elternleben gehört nun einmal eine ganze Menge Ambivalenz.

Kinder nehmen sich und die Welt neu wahr

Wir werden nachher noch ein bisschen von den anstrengenden Seiten dieser Phase hören, aber jetzt möchte ich dir erst einmal von ihrer Schönheit erzählen. Während es früher niedliche Zweiwortsätze waren, die mich zum Schmelzen brachten, sind es ab dem Vorschulalter komplexe Gedankengänge und ihre neue Art, die Welt zu verstehen.

Kinder in diesem Alter nehmen sich innerhalb ihrer Welt ganz neu wahr. Sie fühlen sich mit Menschen um sich herum verbunden und manchmal auch mit welchen anderswo in der Welt. Nachrichten über Katastrophen und schwere Schicksale nehmen sie mit, und oft wollen sie sich engagieren und hilfreich sein.

So zum Beispiel, als einmal ein kleines geflüchtetes Mädchen in die Kitagruppe meines Kindes kam. Ohne Aufforderung seitens der Erzieherin nahmen sich unsere Vorschülerin und ihre Freunde der Neuen an und kümmerten sich liebevoll um sie. Dieses Engagement ging sogar soweit, dass die Kinder begannen, ein paar Worte in einer anderen Sprache zu lernen, damit das neue Mädchen sich wohler fühlt.

Eine neue Balance zwischen Nähe und Distanz entsteht

Doch nicht nur aufgrund solcher Herzensmomente mag ich vieles an dieser Lebensphase besonders gern. Ich finde es auch ungeheuer spannend, dass meine Kinder Dinge erleben, zu denen ich nicht sofort einen Zugang habe. Ich sehe ihnen gern zu, wie sie in die Welt gehen, Freunde finden, Hobbys ausprobieren und wieder verwerfen und mir von ihren Erfahrungen erzählen. Das eine Kind teilt sich mir mehr mit, das andere weniger. Doch letztlich bekommen wir Eltern in solch einer Phase noch ziemlich viel von dem mit, was unsere Kinder tun.

Wir dürfen ihnen aus ein wenig mehr Distanz beim Wachsen und Werden zusehen, ohne jeden einzelnen Schritt begleiten zu müssen.

Mag sein, dass sich diese Zeit manchmal anfühlt, als sei man plötzlich im falschen Film gelandet – in Wahrheit sind wir aber im Besitz von Backstage-Pässen und dürfen damit der Entwicklung einer Persönlichkeit beiwohnen. In keiner anderen Lebensphase wird dein Kind gleichzeitig so viel ohne dich machen und dich trotzdem so eng daran teilhaben lassen. Und genau das ist eine große Chance für euer Familienleben.

Eine tolle Zeit, um Regeln und Vertrauen einzuüben

Denn mit wachsender Reife können wir ihnen auch mehr Verantwortung übertragen. Unsere Kinder möchten das in dieser Zeit. Sie wünschen sich, dass wir ihnen etwas zutrauen und dass wir ihnen vertrauen. In dieser Lebensphase beginnen sie, bisher gültige Regeln zu hinterfragen und neu zu diskutieren. Sie möchten ihre Grenzen erweitern und es ist wichtig, dass sie das auch dürfen. Jetzt ist ein guter Moment, um eine neue Art der Kommunikation miteinander einzuüben – wir können Gewohnheiten miteinander etablieren, die auch in den späteren Jahren tragen, wenn die richtige Pubertät da ist. Dafür ist wichtig, dass wir den Wunsch unserer Kinder, Regeln neu zu diskutieren und auszuhandeln, aufnehmen.

Mehr Freiheiten beim Draußen sein, der Tagesorganisation und der Nutzung von Medien

Autonomie wird in dieser Phase viel wörtlicher zu verstehen sein. Es geht nämlich nicht mehr nur darum, in die andere Ecke des Raumes zu krabbeln, sondern vielleicht um den Wunsch, allein auf den Spielplatz zu gehen, sich am Kiosk um die Ecke selbst ein Eis zu kaufen und bei der Kitafreundin zu übernachten.

Die Schlafenszeit wird ebenfalls irgendwann auf dem Verhandlungstisch landen, und spätestens, wenn dein Kind ein Schulkind wird, werdet ihr euch darüber einig werden müssen, wann die Hausaufgaben erledigt oder der Ranzen gepackt werden müssen.

Auch die Medienzeit wird wohl erneut vereinbart werden müssen. Hier ist es ebenfalls wichtig anzuerkennen, dass unsere Kinder reifer geworden sind – wie weit sie sind und mit welcher Art der Mediennutzung sie gut umgehen können, das bleibt weiterhin eine sehr individuelle Frage, die du als Experte oder Expertin für dein Kind selbst am besten einschätzen kannst. Wichtig ist hier jedoch, sich wirklich intensiv und auch interessiert mit dem auseinanderzusetzen, was die Kinder tun, wenn sie Serien schauen oder vielleicht zocken. Gerade bei Letzterem ergeben klare Zeitbegrenzungen oft wenig Sinn und sorgen für unnötigen Frust.

Gnädig bleiben, wenn Regeln verletzt werden

Genauso wichtig wie das Aushandeln neuer Regeln ist es aber, dass wir ihnen zeigen, dass wir auch dann noch an ihrer Seite sind, wenn sie diese einmal nicht einhalten konnten. Wir können ihnen an dieser Stelle zeigen, dass wir ihr sicherer Ort bleiben und dass bei uns zu Hause alles erzählt und alles verziehen werden kann. Wenn wir in den mittleren Jahren ihrer Kindheit eine solche Atmosphäre schaffen, legen wir einen guten Grundstein für die Pubertät – die Phase also, in der unsere Kinder uns nicht mehr so intensiv an ihrem Leben teilhaben lassen, und in der unsere Leuchtkraft als Fixstern nachlässt.

Strafen

Kaum ein Thema polarisiert im Moment in den Erziehungsdebatten mehr als die Frage, ob Strafen noch ein angemessenes Erziehungsmittel sind. Kurz gesagt zielen sie ja darauf ab, Kindern durch schmerzhafte Konsequenzen aufzuzeigen, dass ihr Handeln falsch war, und Eltern versprechen sich davon, dass ihre Kinder die Regeln beim nächsten Mal besser einhalten. Mal abgesehen davon, dass dies nicht unbedingt ein Selbstläufer ist und das Kind vielleicht auch einfach nur lernt, besser zu lügen, stehen Strafen auch euren Vertrauensverhältnis im Weg. Wenn Kinder schmerzhafte Konsequenzen fürchten müssen, wenn sie dir von einem Regelbruch erzählen, werden sie zukünftig weniger mit dir sprechen. Gerade in Phasen, in denen Gleichaltrige (Peers) eine größere Bedeutung im kindlichen Leben bekommen, kann das aber zu mehr Problemen führen. Dies sollte man bedenken, wenn man sich mit der Frage nach Strafen in der Erziehung auseinandersetzt.

Oft wird jedoch der Verzicht auf Strafe mit Grenzenlosigkeit verwechselt. Wenn es keine Strafen mehr gibt, so schlussfolgern einige, dann kann ein Kind im Grunde machen, was es will. Doch das ist ein Fehlschluss. Nur, weil wir als Eltern auf Strafen verzichten, bedeutet das nicht, dass kindliches Verhalten folgenlos bleibt und Kinder so dazu eingeladen werden, störende, regelwidrige oder grenzverletzende Verhaltensweisen beizubehalten. Denn Verhalten hat immer auch Folgen, und wir müssen unsere Kinder nicht davor bewahren. Es kann sein, dass eine gebrochene Regel eine Wiedergutmachung nach sich zieht (der kaputt gemachte Zaun muss mit repariert werden, ein Spielzeug, mit dem nicht achtsam umgegangen wurde, kann vielleicht nicht einfach nachgekauft werden, gemeine Aussagen verletzen andere Menschen, die dann erst einmal gekränkt sind und eine Klärung ist nötig).

Mehr aber noch als die Konsequenzen, die aus dem Handeln entstehen, sollte uns bei diesem Thema immer interessieren, was dahintersteckt. Warum wurde eine Regel nicht eingehalten? Sind unsere Erwartungen an unsere Kinder an dieser Stelle realistisch? Haben wir an einer Stelle wahlweise zu viele oder zu wenig Freiheit zugestanden, und müssen wir hier eine Entscheidung korrigieren?

Jetzt lade ich dich ein, dir einen neuen Kaffee zu kochen und zu mir auf die Sonnenliege zu kommen. Wir kontrollieren vorher noch einmal, ob der Blitzableiter einsatzbereit ist und das Terrassendach keine Löcher hat, nur für den Fall, dass uns ein Unwetter überrascht. Und dann schauen wir uns unsere wundervollen großen kleinen Kinder an, die gerade mit Siebenmeilenstiefeln in die mittleren Jahre ihrer Kindheit laufen. Wir freuen uns mit ihnen und sind ein bisschen nostalgisch. Und damit die nächste Wetterfront dich nicht ganz so unvermittelt trifft, erzähle ich dir noch ein bisschen mehr über das Emotionsleben deines Kindes und wie du es begleiten kannst.

20. Großwerden ist anstrengend – Umgang mit all den Emotionen

Das Wichtigste in Kürze:

- *Kinder sind am Ende ihrer Kindergartenzeit vielen unterschiedlichen Reizen ausgesetzt. Sie setzen sich nicht nur mit uns auseinander, sondern auch mit Altersgenossen und anderen Erwachsenen im sozialen Raum. Sie stehen dadurch öfter unter Strom, und ihr kindliches Nervensystem ist überfordert. Es entlädt sich manchmal in Gefühlsausbrüchen, die an den Beginn der Autonomiephase erinnern.*
- *Unsere Aufgabe ist es, im Hintergrund präsent zu sein und bei Bedarf auch weiterhin beim Regulieren der starken Gefühle zu helfen.*
- *Auch der anstehende Übergang von der Kita in die Schule ist mit unterschiedlichen Gefühlen verbunden. Neben Vorfreude können auch Angst und Trauer mit hineinspielen. Es ist wichtig, dass wir ihnen diesen Entwicklungsschritt positiv vermitteln.*

- *Unsere Kinder brauchen gerade in dieser Phase das Gefühl, wertvoll für uns zu sein. Das stellt sich ein, wenn wir ihnen zuhören und sie vermehrt mit einbeziehen, beispielsweise beim Aushandeln von Regeln oder bei der Alltagsplanung. Aber auch das Übertragen von Aufgaben im Haushalt trägt dazu bei.*
- *Klarheit ist ebenso wichtig, und zwar immer da, wo wir etwas allein entscheiden wollen und es für uns wesentlich ist, dass es nach unseren Vorgaben gehandhabt wird. Hier dürfen wir uns trauen, den Weg vorzugeben.*

Ich kann nicht einschlafen." Ein kleiner Mensch steht vor mir und ich verdrehe innerlich die Augen. Es ist fast 22 Uhr, mein Mann und ich haben noch keinen richtigen Satz miteinander gesprochen, und vor uns stehen zwei Tassen Tee, mit denen wir es uns jetzt auf dem Sofa gemütlich machen wollten. Stattdessen schnappt sich mein Mann nun sein Getränk und geht mit dem Kind hoch. Der Einfachheit halber gleich in unser Schlafzimmer, da klappt es nämlich erfahrungsgemäß besser mit der Nachtruhe.

Ich schaue wehmütig in meine eigene Teetasse und hoffe, dass mein Mann es zumindest noch einmal kurz nach unten schafft. Wenn nicht, dann unterhalten wir uns eben morgen. Oder nächste Woche. Nächstes Jahr?

Auch wenn unsere Kinder nicht mehr ganz klein sind, haben sie doch immer wieder Phasen, in denen sie mehr Nähe brauchen. Manchmal erwischt uns das als Eltern kalt. Dieses Kind, das da im Schlafanzug und mit Teddy im Arm vor uns steht, war heute den ganzen Tag mit anderen Kindern unterwegs. Sie haben sich bei Johanna drei Straßen weiter getroffen, sind dann auf den Spielplatz um die Ecke gegangen und wurden am Ende spontan von Noahs Papa zum Grillen eingeladen. Das Leben in einer überschaubaren Vorortsiedlung, in der jeder jeden kennt, macht eine solche Freiheit möglich. Wir wurden in all dieser Zeit weder gebraucht noch vermisst. Ich war schon dankbar, dass wir ab und zu über den aktuellen Standort der Kinder informiert wurden.

Der Ruf nach Nähe ist keine Manipulation

Von dem selbstbewussten kleinen Abenteuerkind ist nun, spät am Abend, allerdings nichts mehr übrig. Das Bindungsgummiband ist zurückgeschnellt. Der kleine Mensch braucht Nähe und die Sicherheit seiner Bindungspersonen. Was wir hier sehen, ist nicht etwa Manipulation, es ist kein Spielchen, das das Kind mit uns treibt, und auch nicht die Folge von „jahrelangem Verwöhnen". Es ist der Ausdruck eines Bedürfnisses, das in dieser Lebensphase völlig normal ist.

Im letzten Kapitel ging es um die Ablösung der Kinder, die in dieser Phase intensiver stattfindet als in den Jahren zuvor. Wir haben gesehen, dass Freundschaften und der Kontakt zu anderen Kindern eine größere Bedeutung bekommen, und dass wir selbst gleichzeitig ein bisschen mehr in den Hintergrund rücken. Doch das ist nur eine Seite der Medaille. Denn wahr ist auch: Unsere Kinder sind immer noch klein. Sie sind bedürftig, und wir bleiben noch viele Jahre die wichtigsten Personen in ihrem Leben. Die sichere Basis, die wir ihnen in den Jahren zuvor gegeben haben, macht ihnen Mut, ein Stück in die

Welt zu gehen. Doch genauso schnell kann es passieren, dass sie zu uns zurückrennen.

Diese Ambivalenz ist eines der Kennzeichen der Wackelzahnpubertät. Wir finden sie im Spagat zwischen Nähe und Distanz, zwischen Mut und Bedürftigkeit, aber auch in vielen anderen Bereichen. Und genau das sind die Punkte, die für alle Beteiligten mitunter sehr anstrengend sein können.

Wir sind immer noch wichtige Helfer beim Regulieren von Emotionen – aber nicht immer gefragt

Sie nehmen viel auf, verstehen die Welt anders und verarbeiten Informationen auf neue Art. Sie setzen sich intensiver mit Altersgenossen auseinander und es kann vorkommen, dass sie sich öfter streiten. Das gehört dazu, wenn man seinen eigenen Platz in der Welt mit neuen Augen sieht. Kein Wunder also, dass sie oft unter Strom stehen. Kleine Nervensysteme vertragen nur eine bestimmte Menge an Anspannung (große übrigens auch!), und irgendwann entlädt sie sich. Heftige Wutanfälle und Weinkrämpfe, die ein bisschen an den Beginn der Autonomiephase erinnern, können die Folge sein. Auch in diesem Alter ist weiterhin unser Beistand gefragt. Viele Kinder können diese Masse an Gefühlen nicht gut selbst regulieren. Sie drücken sie oft auf destruktive Art und Weise aus: Sie brüllen, knallen Türen, hauen auf Gegenstände oder wollen uns oder ihre Geschwister schlagen, wenn wir Zielobjekt ihrer Wut sind.

Halt mich fest – rühr mich nicht an

Natürlich ist es wichtig, dass wir bei solchen Ausbrüchen auch weiterhin präsent sind und das Kind vor sich selbst und auch die Geschwister und die Einrichtung schützen. Doch manchmal sind wir erst einmal gar nicht erwünscht. Denn auch das Regulieren von starken Gefühlen ist ja etwas, das unsere Kinder irgendwann selbst beherrschen wollen und auch müssen. Es kann also sein, dass unser Zuspruch zunächst unerwünscht ist. Solange nichts und niemand zu Schaden kommt, ist das völlig in Ordnung.

Manche Kinder müssen erst einmal in ihr Zimmer rennen und Wut hinausbrüllen. Andere toben sich an Kissen oder ihrer Matratze aus. Sie versuchen so, dem gewaltigen Gefühlssturm mit den ihnen zur Verfügung stehenden Mitteln Herr zu werden. Das ist etwas Gutes!

Im Hintergrund bereitstehen

Deine Aufgabe ist es dann, im Hintergrund bereitzustehen. Wenn die große Welle, die das Kind allein durchmachen möchte, abgeebbt ist, wird vielleicht eine Umarmung benötigt oder jemand, bei dem der ganze Frust noch einmal durch Reden abgeladen werden darf. Auf jeden Fall ist es gut, so eine Situation zu besprechen und den Ursachen für Wut und Frust auf die Spur zu kommen.

Muster erkennen

Ziel ist es, dass ihr mit der Zeit herausfindet, wann genau bei deinem Kind der Punkt erreicht ist, an dem die Stimmung endgültig so kippt, dass diese kleinen Mini-Nervenzusammenbrüche die Folge sind. Denn oft lassen sich Muster erkennen. Vielleicht treten solche schwierigen Situationen an langen, anstrengenden Tagen vermehrt auf, vielleicht immer, wenn dein Kind bei Felix und Frieda zum Spielen war? Vielleicht, wenn ein bestimmtes Game gezockt wurde, was zukünftig dann vielleicht etwas seltener oder nur zu bestimmten Zeiten gespielt werden kann?

Ähnlich wie in der Kleinkindphase ist aber auch hier natürlich zusätzlich an ganz banale Dinge zu denken: Hat dein Kind zu lange nichts gegessen, ist es übermüdet oder fehlte es an Bewegung?

Wenn ihr solchen Gründen auf die Spur kommt und sie eindämmen könnt, macht dein Kind eine wichtige Erfahrung: Es lernt sich selbst ein bisschen besser kennen und findet heraus, wie es auf gute Weise für sich sorgen kann.

Gründe für Überforderung gibt es in diesen Jahren auf jeden Fall sehr viele. Manche kann man versuchen abzustellen oder zumindest ein bisschen zu reduzieren. Mit anderen müssen wir leben und umgehen lernen.

Der Übergang vom Kindergarten- zum Schulkind kann viele Emotionen auslösen

Die Wackelzahnphase fällt ja mit einer der größten Veränderungen in der kindlichen Biografie zusammen: Sie werden Schulkinder. Im letzten Kindergartenjahr kommt da für sie so einiges zusammen. Zum einen langweilen sich Kinder in diesem Alter zunehmend in der Kita. Sie haben jeden Jahreskreis mehrfach durchlebt, kennen die Wandertagsziele und jedes einzelne Versteck im Garten. Im Gruppenalltag dreht es sich oft um die Bedürfnisse der Jüngeren, und viele Spiele und Themen passen immer weniger für sie. Oft bekommen Eltern in diesem letzten Jahr die Rückmeldung, dass ihr Kind verstärkt Blödsinn macht. Auch das ist erst einmal kein Grund zur Besorgnis, sondern ein normaler Ausdruck dessen, dass es gut ist, dass die Kindergartenzeit nun irgendwann endet.

Anderseits bietet dieses Jahr für die Großen natürlich viele Privilegien: Oft stehen eigene Aktivitäten auf dem Programm, es wird spielerisches Lernen für „Zuckertütenkinder“ angeboten, und die ersten Schulbesuche finden statt.

All das ist aufregend, zeigt aber auch, dass große Ereignisse vor der Tür stehen. Auch hier kommt wieder jede Menge Ambivalenz ins Spiel. Einerseits freuen sich die meisten Kinder durchaus auf die Schule. Anderseits heißt es aber auch, Abschied zu nehmen. Abschied von der Lieblingserzieherin und den Freunden, die ein Jahr jünger sind und noch bleiben und auch von denen, die vielleicht in eine andere Schule gehen. Und dann sind da noch die bangen Fragen: Wird die Lehrerin oder der Lehrer nett sein? Kommen Frieda und Valentin in meine Klasse oder sind da am Ende etwa nur Kinder, die ich noch gar nicht kenne? Kann ich das überhaupt, was da von mir verlangt wird?

Den Schulstart positiv besetzen

Häufig sorgen unbedachte Aussagen von Erwachsenen noch zusätzlich dafür, dass Kinder der Schule nicht nur freudig entgegenblicken. Sätze wie „Nun beginnt der Ernst des Lebens“ oder „In der Schule darfst du dir sowas nicht erlauben“ implizieren, dass auf sie ein unfreundlicher Ort wartet, vor dem sie ein bisschen auf der Hut sein müssen.

Hier können wir selbst dazu beitragen, dass unsere Kinder diesem Wechsel mit freudiger Gelassenheit entgegensehen. Wir sollten dieses Ereignis zum einen nicht zu früh zu groß machen, indem wir schon im Jahr davor zu viel darüber reden. Gleichzeitig können wir unseren Kindern zeigen, was sie dort Schönes erwartet und wie das sein wird, wenn sie erst einmal selbst lesen lernen und neue Freunde finden.

Oft stehen uns eigene, negative Schulerfahrungen hier im Weg. Manchmal haben wir als Eltern nämlich selbst Angst, dass unsere Kinder in diesem neuen Lebensabschnitt nicht gut zurechtkommen. Hier ist es wichtig, dass wir unsere Ängste vor unseren Kindern für uns behalten und mit anderen erwachsenen Menschen darüber sprechen. Letztlich hat dein Kind ein Recht darauf, seine eigenen Erfahrungen zu machen und seine eigene Geschichte zu schreiben. Und die kann ganz anders sein als deine.

Auch unsere Elternwelt wird ambivalent

Doch nicht nur die Welt der Kinder ist in dieser Lebensphase ambivalent, auch die von uns Eltern. Dein eben noch knuddeliges Kleinkind hat sich verändert. Statt Pausbäckchen sind da auf einmal markante Kiefer und reifere Gesichter. Von den langen Armen und Beinen, die beim Kuscheln überall überhängen, haben wir schon gesprochen. Sein Wortschatz hat sich vergrößert, und seine Sicht auf die Welt ist ernsthafter und schärfer geworden. Die Einschulung steht bevor und plötzlich erwarten alle ganz viel.

Der Welpenschutz, den unsere niedlichen Kleinkinder oft auch in der öffentlichen Wahrnehmung genossen haben, geht verloren. Auf einmal wird aus „Ach, die ist doch noch klein!" ein „Ein Kind in deinem Alter sollte das besser wissen."

So viel Förderung wie nötig, so wenig wie möglich

Auch bei Entwicklungsgesprächen im Kindergarten wird nun verstärkt darauf geachtet, dass die Fähigkeiten, die Schulen für einen guten Start voraussetzen, auch gegeben sind. Manchmal wird Eltern in dieser Zeit zu unterstützenden Maßnahmen geraten, um Kindern das Ankommen in der neuen Lebensphase zu erleichtern. Hier empfiehlt es sich, sich gut mit den vertrauten Erzieherinnen zu beraten und auf deren Expertise zu vertrauen. Unterstützung ist erst einmal etwas Gutes und Hilfreiches. Doch natürlich kann es auch sein, dass man über das Ziel hinausschießt. Gerade wenn die Empfehlung von Menschen kommt, die dein Kind nur in einer Situation, zum Beispiel beim Eingangstest, gesehen haben, ist es gut, sich eine weitere Meinung von vertrauten Personen einzuholen. Denn hier gilt nicht unbedingt das Credo, dass viel auch viel hilft und auf keinen Fall schadet. Unnötige Förderung und Unterstützung rauben euch Zeit und Nerven, die ihr anderswo besser investieren könnt.

Sie sind gleichzeitig groß und klein

Denn gerade in dieser aufregenden Phase, in der sich so viel verändert, müssen wir uns eines wirklich klarmachen: Unsere Kinder sind zwar größer geworden, sie haben einen gewaltigen Schritt gemacht, aber sie sind gleichzeitig eben auch noch klein. Sie sind verspielt und abenteuerlustig, chaotisch und bewegungsfreudig, interessiert an vielem und manchmal trotzdem nicht in der Lage, an einer Sache dranzubleiben. Sie wollen tagsüber auf den Spielplatz und nachts ins Elternbett. Sie sind überfordert, wenn zu viele Eindrücke auf sie einprasseln, und saugen gleichzeitig alles auf wie ein Schwamm. Manche brauchen (auch wenn sie es nie zugeben würden) zum Regulieren noch ab und zu einen Schnuller, und vielleicht klappt das mit dem Schlafen ohne Windel auch noch nicht immer perfekt.

All das ist in Ordnung und darf so sein. Nur weil der Übergang in die Schule ansteht, heißt das nicht, dass wir auf einmal ihr Entwicklungstempo beschleunigen müssen. Mal abgesehen davon, dass es gar keinen Hebel gibt, den wir auf „schneller“ stellen können, ist das auch nicht nötig.

Ja, die Grundschule verändert sehr viel in unserem Leben, sie ist ein einschneidender Schritt und wird fortan unseren Alltag bestimmen. Aber auch die nächsten vier Jahre sind Teil ihrer Kindheit – und es bleibt auch noch genug Raum, um einfach Kind zu sein.

Doch was genau, fragst du dich jetzt vielleicht, kann mir denn diese Zeit ein bisschen erleichtern und mir helfen, wenn die Emotionen hochkochen, die Diskussionen um Regeln und Grenzen kein Ende nehmen und mein Kind aus Langeweile seine Geschwister ärgert oder das Bad unter Wasser setzt?

Die Antwort darauf ist natürlich individuell, und wahrscheinlich könnte man ganze eigene Bücher mit den Überlegungen dazu füllen, was euch im Miteinander in der Wackelzahnpubertät wirklich weiterhilft.

Unsere Kinder brauchen Wertschätzung und Klarheit

Wenn ich es auf zwei Werte runterbrechen würde, wären das jedoch die Wertschätzung und die Klarheit. Unsere Kinder möchten (immer, nicht nur im Wackelzahnalter) ein wertvolles Mitglied unserer Gemeinschaft sein. Sie möchten in ihren Bedürfnissen gesehen werden und brauchen offene Ohren für ihre Wünsche. Es ist wichtig, dass sie spüren dürfen, dass sie vollwertige Mitglieder deiner Familie sind, und dass ihre Anwesenheit in deinem Haushalt eine Bereicherung ist.

Das schaffst du auf vielen Wegen: Indem du dir immer wieder ein paar Minuten Zeit nimmst, um wirklich zuzuhören, was sie zu sagen haben. Indem du Anregungen von ihnen aufnimmst und ihre Ideen für Freizeitaktivitäten, ihre Essenswünsche oder ihre Vorschläge zur Lösung von Problemen berücksichtigst. Ich habe durch meine Kinder gelernt, auch einmal außerhalb von Schubladen und Konventionen zu denken, denn einige ihrer Ideen mögen erst einmal ungewöhnlich erscheinen und bei dir den Impuls auslösen, „Das macht man doch nicht" zu rufen. Aber wenn ich mich einmal darauf eingelassen habe, auch verrückt anmutende Lösungsansätze mit ihnen auszuprobieren, bin ich mehr als einmal auf richtige Schätze gestoßen.

Auch die Übernahme von Aufgaben im Familienleben lässt Kinder spüren, dass sie wertvoll sind

Doch wertvoll sind unsere Kinder nicht nur an den Stellen, an denen sie gute Ideen einbringen dürfen oder beim wöchentlichen Essensplan mitentscheiden. Auch da, wo sie uns tatkräftig unterstützen können, spüren sie, dass sie wichtig sind und gebraucht werden. Dazu zählt auch eine altersmäßig passende Hilfe bei allem, was so im Familienleben anfällt. Sandra Geissler, selbst fünffache Mutter, schrieb in der Ratgeberrubrik der Zeitschrift *Family* auf die Frage, ob Kindergartenkinder schon im Haushalt helfen können: „Dem Menschenherz ist es zu eigen, dass es nicht nur geliebt werden will, es will auch gebraucht werden. Dabei ist es gleich, wie alt dieses Herz ist, ob drei, dreizehn oder dreißig. Schon junge Kinder wollen wirklich gebraucht werden. Sie sollen wissen: ‚Gott sei Dank bist du da. Was würde ich nur ohne dich anfangen. Ohne dich wäre das alles gar nicht zu schaffen.'"[29]

Genau dieses Wissen ist nämlich auch Teil dieser Wertschätzung, die Kinder im Alltag bei uns erfahren sollten.

Es gibt Punkte, da dürfen wir Erwachsenen allein entscheiden

Doch bei alledem sollten wir eins auch immer berücksichtigen: Unsere Kinder sind uns gleichwürdig, aber sie sind nicht gleichberechtigt. Es gibt Alltagsfragen, da darf ihr Wort das gleiche Gewicht haben wie unseres, und es gibt Bereiche, da geht das nicht. Kinder in diesem Alter sind nämlich nicht in der Lage, langfristige Konsequenzen ihrer Vorschläge abzuschätzen und sie tragen auch nicht die Verantwortung dafür. In manchen Bereichen ist es daher richtig und wichtig, Regeln und Grenzen nicht zu diskutieren. Wir können hier erklären, warum wir in dieser Frage keine Kompromisse eingehen und dann bei unserer Haltung bleiben.

Klarheit in den Fragen, in denen kein Spielraum für kindliche Autonomie ist, spart uns viele Nerven. Letztlich ist sie für unsere Kinder ebenso ein Grundpfeiler für Sicherheit und Geborgenheit wie Wertschätzung und Mitbestimmung auf der anderen Seite.

Die wichtigen Punkte weise wählen

Welche Punkte das sind, in denen wir klar vorgeben möchten, wie Dinge laufen, das muss jede Familie für sich entscheiden. Ich empfehle aber, sich hier auf wenige, wirklich wichtige Punkte zu beschränken und darin dann eine konsequente Haltung zu zeigen. Wenn wir versuchen, bei zu vielen Themen unseren Stiefel durchzuziehen, lösen wir damit entweder unnötigen Frust aus, oder aber wir werden früher oder später wackeln. Dann hat unser Nein nicht mehr das Gewicht, das es bei nicht verhandelbaren Fragen haben sollte.

Man muss nicht jeden Konflikt vermeiden

Mit dem Wissen um all das, was in kleinen Menschen vorgeht, kannst du dir nun vielleicht die eine oder andere Situation erleichtern. Mit etwas Glück umschiffst du ein paar Krisen ganz, und die übrigen verstehst du zumindest theoretisch besser – was nicht bedeutet, dass es dich praktisch manchmal trotzdem ganz schön anstrengt. Doch bei einer Sache bin ich mir nach drei Wackelzahnkindern ziemlich sicher: Sie werden euch ereilen, die kleinen und größeren Unwetter, wenn alles ins Wanken kommt. Es war auch nie das Ziel, sie zu vermeiden. Denn gerade auch da, wo es schwer ist, wo Reibung unseren Alltag bestimmt, wo unsere Kinder streiten und versöhnen lernen und wo wir an unsere Grenzen stoßen, wachsen wir alle zusammen. Familienleben ist kein täglicher Ritt in den Sonnenuntergang, sondern ein lebenslanger Lernprozess. Zu diesem Prozess gehören die kleinen Wunder am Wegesrand, die Gespräche mit dem größer werdenden Kind, die Rührung, wenn sie etwas toll gemacht haben und die Begeisterung über neue Entwicklungsschritte genauso wie Tränen, Streit, Wut und Ratlosigkeit. Wir brauchen die richtig miesen Tage genauso wie die Zeiten auf der Sonnenliege. Zum Menschsein gehören auch Löcher und Stolperfallen – und wo könnte man ihnen sicherer begegnen als in der eigenen Familie?

Am besten stellst du deine Kaffeetasse ab, wenn es einmal wieder aus Eimern in euer Leben geschüttet hat, und gehst mit deinen Kindern Pfützen springen.

21. Abschied und Übergänge – vom Sortieren und Loslassen

Das Wichtigste in Kürze:

- *Am Ende der Kindergartenzeit steht einer der größten Übergänge im kindlichen Leben – der zum Schulkind.*
- *Er wird von zahlreichen Übergangsritualen begleitet.*
- *In diesem Kapitel geht es nicht um die großen Feiern, die es aber durchaus geben darf, sondern um kleine Rituale zum Sortieren und Loslassen.*

Wir haben in den letzten Kapiteln schon gesehen, dass unsere Kinder sich gerade in einem Prozess mit großen Veränderungen befinden. Der Übergang vom Kindergarten in die Grundschule ist der wohl größte Entwicklungsschritt in dieser Zeit. Normalerweise wird er von einer ganzen Reihe von Übergangsritualen begleitet: Da sind die Abschlussfeiern im Kindergarten, vielleicht auch eine Übernachtungsparty in den Gruppenräumen oder ein Ausflug mit Eltern und Erziehern. In manchen Kindergärten werden sie am letzten Tag im wahrsten Sinne des Wortes raugeschmissen, nämlich vom Kitapersonal auf große Weichbodenmatten vor der Tür. Und wenn der letzte Tag hinter ihnen liegt, folgt kurz darauf auch schon der Neuanfang: Die Einschulung.

Bei der Planung der Einschulung die kindlichen Bedürfnisse im Blick behalten

Viele Eltern möchten aus diesem Tag etwas ganz Besonderes machen. Im letzten Kapitel habe ich darüber gesprochen, dass es wichtig ist, die Grundschulzeit erst einmal positiv zu besetzen. Allein deshalb ergibt es Sinn, sie mit einer gut gefüllten Zuckertüte und einer Party zu beginnen. Gleichzeitig bin ich hier auch ein Fan des Augenmaßes. Die Kinder sind an diesem Tag sowieso aufgeregt, Schulen und oft auch Kirchengemeinden organisieren meistens am Vormittag bereits Feierlichkeiten, und am nächsten Tag ist – je nach Bundesland – manchmal auch schon der erste richtige Schultag. Dazu kommt, dass die kleinen Menschen natürlich voller verschiedener Emotionen sind, wenn sie mit der Zuckertüte zum ersten Mal durchs Schultor gehen: Freude, Aufregung, Angst und vielleicht auch ein bisschen Traurigkeit über das, was man mit dem Kindergarten verloren hat. Für all das sollte Raum und Ruhe sein.

Letztlich weiß ich aber, dass die Gestaltung von Einschulungsfeiern eine sehr persönliche Entscheidung ist und je nach Wohnort auch ein bisschen variiert. In manchen Bundesländern sind sie tatsächlich sehr große Ereignisse und wenn du da lebst, wird dich mein Tipp, einfach nur Oma und Opa einzuladen und ein paar Würstchen zu grillen und nachmittags noch einen Zwetschgenkuchen zu verspeisen, wohl nicht begeistern.

Das Alte wegsortieren, Erinnerungen behalten und Platz für Neues schaffen

Deshalb möchte ich beim Übergangsritual auch an einer anderen Stelle ansetzen, nämlich tatsächlich in der Zeit dazwischen. Irgendwann wird er für dein Kind vorbei sein, der letzte Kindergartentag. Du wirst es dort abholen und heimlich ein paar Tränchen aus den Augenwinkeln wischen. Vielleicht umarmst du deine Lieblingserzieherin noch einmal und natürlich Jonas Mutter. Dann gehst du, beladen mit Gummistiefeln und drei Matschhosen, von denen zwei mittlerweile zu klein sind. In der anderen Hand sind Abschiedsgeschenke, die letzten gemalten Bilder und irgendwo dazwischen klemmt eine kleine Zuckertüte, an der ein Zettelchen mit „Alles Gute" hängt.

Zu Hause angekommen legst du alles erst einmal auf den Tisch und überlegst, wo das ganze Zeug nun hinsoll. Und vielleicht überlegst du dir das ja irgendwann in den Ferien mit deinem Kind zusammen. Mit der Einschulung geht oft auch eine kleinere oder größere Umgestaltung des Kinderzimmers einher. Viele Kinder bekommen einen Schreibtisch (auch wenn dessen Sinnhaftigkeit sich dir in den nächsten Jahren eventuell noch nicht erschließen wird), und das eine oder andere wird aussortiert. Dies ist ein guter Moment zu überlegen, was aus der Kindergartenzeit bleiben soll und was losgelassen werden darf. Sollen über dem neuen Schreibtisch ein paar Fotos der alten Gruppe hängen? Darf das letzte gemalte Bild nun die Zimmertür zieren? Räumen wir die zu kleinen Matschhosen in den Keller, bis die jüngeren Geschwister reinpassen, oder geben wir sie außerhalb der Familie weiter? Soll der Teddy, der nun jahrelang als Tröstemaskottchen im Kitafach lag, zukünftig auf dem Schrank sitzen, oder soll auch er zu den Matschhosen in den Keller?

Je nach euren zeitlichen Ressourcen und eurer Lust auf Kreativität könnt ihr auch zusammen ein kleines Erinnerungsalbum erstellen oder eine große Collage basteln, die im Zimmer aufgehängt wird. Vielleicht neben dem Stundenplan, der auch schon überm Schreibtisch hängt und darauf wartet, gefüllt zu werden?

Auf jeden Fall tut es gut, sich in dieser Übergangszeit gemeinsam ein bisschen zu sortieren und ganz bildlich das Loslassen und Erinnern einzuüben.

22. Zuhören und voneinander lernen

Mit einem neuen Blick auf die Welt kommt in den späteren Kindergartenjahren auch eine neue Sicht auf die Vergänglichkeit des Lebens. Auch die Fragen nach Leben und Sterben stellen sich ganz neu.

Erwachsene fühlen sich oft unwohl damit. Manchmal, weil sie selbst nicht darüber nachdenken wollen, dass das Leben nun einmal endlich ist. Wir verdrängen das Thema Tod in unserem Alltag und möchten uns nicht damit auseinandersetzen. Unsere Kinder hingegen haben oft sehr unbekümmerte Fragen.

„Ich habe heute viel von Ihrer Tochter gelernt", sagte mir eine Erzieherin einmal. Sie hatte mein Kind kurz nach dem Tod seiner Uroma betreut, und es hatte sehr freimütig darüber erzählt, wie es sich den Ort vorstellte, an dem Oma Klara nun ist.

Wolken gibt es an diesem Ort, auf denen man sitzen und herumlaufen kann, und natürlich sind da all die anderen geliebten Menschen und Haustiere, die auch schon nicht mehr unter uns leben. Dinosaurier findet man dort selbstverständlich auch, denn schließlich sind die ja ausgestorben. Gott sitzt auf der schönsten Wolke in der Mitte, sodass alle schnell zu ihm kommen können und er alles im Blick hat. Am Ende haben das Kind und die Erzieherin zusammen ein Bild vom Himmel gemalt, wie ihn meine Tochter sich vorstellt. Ein glücklicher, bunter Ort ist entstanden, an dem wirklich alle Tränen abgewischt waren und jeder findet, was er bis dahin vermisst hat.

Manchmal neigen wir Erwachsenen dazu, solch kindliche Vorstellungen als naiv abzutun. Der eine oder andere verspürt vielleicht sogar den Impuls, die Kinder an dieser Stelle zu belehren und diese bunten Bilder durch seine eigenen eingehegten und nüchternen Vorstellungen zu ersetzen. Immerhin steht in der Bibel nichts von Dinos oder Haustieren, die wir wiedertreffen.

Doch ich möchte dich ermutigen, stattdessen mit deinem Kind einen Spaziergang durch sein buntes Wolkenland zu unternehmen. Mach es wie die Erzieherin meiner Tochter, male es mit deinem Kind zusammen auf oder schreib es nieder. Denn unsere Kinder haben eine Fähigkeit, die wir im Laufe der Jahre leider oft verloren haben: Sie glauben bedingungslos an die Schönheit von Gottes Reich und an die Gnade ihres himmlischen Vaters. Sie können sich all das viel lebendiger und farbenfroher vorstellen, als wir es vermögen. Uns funken oft Vernunft oder fromme Floskeln dazwischen, die unsere Fantasie ausbremsen.

Doch wer sagt uns eigentlich, dass wir mit unserem eingeengten, oft geradezu ängstlichen Blick auf die Ewigkeit näher an der Wahrheit liegen, als die Kinder, die erkannt haben, dass es im Reich Gottes keine Begrenzungen gibt, nicht einmal für Dinosaurier?

Ich glaube, wenn unsere Kinder ins Vorschulalter kommen, beginnt die Zeit, in der wir weniger Glaubensinhalte kindgerecht aufbereiten und nahebringen und mehr zuhören und mit ihnen ins Gespräch kommen sollten. Nicht nur, wenn es um die Vorstellungen von Himmel und Ewigkeit geht. Die kindliche Sichtweise auf Glauben und biblische Geschichten kann auch unsere oft eingefahrene Perspektive bereichern und einen Fokus auf Dinge richten, die wir ohne sie übersehen hätten.

Schlusswort

Während ich die letzten Kapitel dieses Buches schrieb, ist eine neue Generation zarter Pflänzchen bei mir herangewachsen. Auf den Fensterbänken tummeln sich wieder Tomaten-, Zucchini-, Gurken- und Kräuterpflanzen, die darauf warten, in größere Töpfe umgepflanzt und ins Freie getragen zu werden.

Auch meine Kinder sind inzwischen „umgetopft“, auch wenn ich nicht weiß, ob sie diesen Vergleich mögen. Doch jedes von ihnen ist nun in einer anderen Lebensphase als letztes Jahr. Die kleinen Jahre sind im Hause Albert unwiederbringlich vorüber. Stattdessen stehen hier morgens drei gepackte Schulranzen nebeneinander bereit, und mittags sitzen Grundschulkinder, Pre-Teens und Teenager über Hausaufgaben und Vokabeln. Die Themen hier haben sich verändert. Doch ich kann nicht sagen, dass unser Alltag mit den Kindern an Zauber verloren hat.

Die mittleren Jahre kommen mit neuen Herausforderungen daher – aber auch mit neuer Schönheit. Es macht Spaß, den Kindern dabei zuzuschauen, wie sie ein Stück weiter in die Welt gehen und das, was wir ihnen in den kleinen Jahren mitgegeben haben, kleineren und größeren Feuerproben unterziehen. Ich würde lügen, würde ich behaupten, dass sie jede einzelne mit Bravour bestehen, natürlich zeigt sich an so einem Umbruch auch, wo wir als Eltern solche Weichen eher ungünstig gestellt haben. Das ist manchmal Grund, sich ein bisschen zu grämen. Doch nie lange, denn an dieser Stelle habe ich zwei gute Nachrichten für dich. Erstens: Es gibt fast nichts, was sich nicht auch wieder korrigieren und auf die richtige Spur bringen lässt. Zweitens: Das geht allen Eltern so. Alle Mütter und Väter verrennen sich mal, machen Fehler, lassen ungünstige Muster einschleifen. Eltern, die behaupten, das wäre bei ihnen nicht so, sind mit besonderer Vorsicht zu genießen. Auch hier gilt: Es geht beim Elternsein nie um Perfektion, sondern darum, es oft genug gut genug zu machen.

Und ja, es gibt diese kurzen Momente, in denen ich kleine warme Hände vermisse, die nach mir greifen, und bettwarme Kinder mit Windel und Body, mit denen ich kuscheln kann. Doch meistens überwiegt die Freude an dem, was nun da ist. Nicht nur für die Kinder ist die Welt mit all ihren Umbrüchen größer geworden, auch für uns Eltern ist wieder mehr Raum entstanden, und diesen weiß ich sehr zu schätzen. Abgesehen davon brauchst du nicht zu glauben, dass es in den mittleren Jahren keine Bedürftigkeit mehr gibt und keine Hände, die auch einmal nach dir greifen. Selbst die dritte Decke, die im Schlafzimmer für nächtliche Besucher bereitliegt, solltest du nicht ganz so weit wegräumen.

Es hat mir sehr viel Spaß gemacht, dich mit auf die Reise durch die kleinen Jahre zu nehmen, und ich danke dir, dass du mich bis hierhin begleitet hast. Ich habe dir so ehrlich von mir und unserem Leben erzählt, weil ich hoffe, dass du dadurch siehst, dass wir alle nur mit Wasser kochen, und dass dieses ganze Elternding letztlich ein ständiges Abwägen zwischen Ansprüchen und Wirklichkeit ist, zwischen Wünschen und Bedürfnissen, zwischen brillanten Momenten und kläglichem Scheitern. Ich hoffe, ich habe bei dir Verständnis dafür geweckt, dass manche Phasen nun einmal schwierig sind, und dir den Druck genommen, perfekt mit ihnen fertig werden zu müssen.

Ich hoffe, du kannst nun Zank und Geschrei in deinem Familienleben genauso annehmen, wie die Momente, aus denen man einen Werbefilm drehen könnte. Ich wünsche dir und deiner Familie den Mut, die ganze Palette des Menschseins zu leben – denn dafür hat Gott euch auf diesen kaputten, wunderschönen und einmaligen Planeten gestellt.

Quellen

1 Stahl, Stefanie, Tomuschat, Julia: *Nestwärme, die Flügel verleiht: Halt geben und Freiheit schenken – wie wir erziehen ohne zu erziehen.* Gräfe und Unzer Verlag, München 2018.

2 Stahl, Stefanie: *Das Kind in dir muss eine Heimat finden. Der Schlüssel zur Lösung (fast) aller Probleme.* Kailash-Verlag, Gütersloh 2015.

3 Ebd.

4 Chopich, Erika J.; Paul, Margaret: *Aussöhnung mit dem inneren Kind.* Ullstein, Freiburg im Breisgau 2003. S. 13ff.

5 Vgl. Becker-Stoll, Fabienne: *Bindung. Eine sichere Basis fürs Leben.* Kösel, München 2018. Kindle-Edition.

6 Albert, Daniela: *Unperfekt, aber echt. Mit Jesus durch den Erziehungsalltag. Was christliche Familien stark macht.* Neukirchener Verlag, Neukirchen-Vluyn 2021. S. 18ff.

7 Mierau, Susanne: *Mutter Sein – Von der Last eines Ideals und dem Glück des eigenen Wegs.* Beltz, Weinheim 2019.Kindle-Fassung. Pos. 524.

8 Vgl. ebd. 524-531.

9 Vgl. Statistisches Bundesamt: *Zusammenleben von Generationen.* Statistisches Bundesamt, Wiesbaden 2016. https://www.destatis.de/DE/Presse/Pressekonferenzen/2016/Zusammenleben-Generationen/pressebroschuere-generationen.pdf?__blob=publicationFile

10 Becker-Stoll, Fabienne: *Bindung – eine sichere Basis fürs Leben.* Kösel, 2018. Kindle-Edition. S. 69.

11 Vgl. Büchner, Charlotte und Wagner, Gert G.: „Eine empirische Bestandsaufnahme außerfamiliärer und außerschulischer Bildungs- und Lernwelten. Ergänzungen und vertiefende Analysen im Anschluss an den 12. Kinder- und Jugendbericht." In: *Research Notes* 11/2006. Deutsches Institut für Wirtschaftsforschung Berlin, Berlin 2006. https://www.diw.de/documents/dokumentenarchiv/17/44128/rn11.pdf

12 Vgl. Jungbauer, Johannes & Remidi, Laura: „Zur Bedeutung des Prager-Eltern-Kind-Programms (PEKiP) für den Übergang zur Elternschaft - Ergebnisse einer Teilnehmerbefragung." Zeitschrift für Sozialpädagogik, 8/2010, S. 144-155. https://www.researchgate.net/publication/262536233_Zur_Bedeutung_des_Prager-Eltern-Kind-Programms_PEKiP_fur_den_Ubergang_zur_Elternschaft_-_Ergebnisse_einer_Teilnehmerbefragung/link/6073148ba6fdcc5f779c895a/download

13 Asendorpf, Jens: *Persönlichkeit – Was uns ausmacht und warum.* Springer-Verlag GmbH, Berlin 2018. S. 9.

14 Smoor, Veronika: *Heiliger Alltag. Zwischen den Töpfen und Pfannen Gott begegnen.* SCM-Verlag, Witten 2016. S. 123.

15 Renz, Polster, Herbert; Menche, Nicole; Schäffler, Arne: *Gesundheit für Kinder. Kinderkrankheiten verhüten, erkennen, behandeln.* 3. überarbeitete Auflage. Kösel, München 2008. S. 446.

16 Geissler, Sandra: *Dieses kleine Stück Himmel. Mit allen Sinnen Familie leben.* SCM Hänssler, Holzgerlingen 2022. S. 24

17 Lauther-Pohl, Maike: *Mit den Kleinsten Gott entdecken. Religionspädagogik mit Kindern von 0 bis 3 Jahren. Grundlagen und Praxismodelle.* 2. Auflage. Gütersloher Verlagshaus, Gütersloh 2016. S. 18.

18 Ebd. S. 39.

19 Ebd.

20 Blaffer Hrdy, Sarah: *Mütter und andere. Wie die Evolution uns zu sozialen Wesen gemacht hat.* BV Berlin Verlag GmbH, Berlin 2010.

21 Haßelmann, B., Sager, K., Deligöz, E., Bettin, G., Gehring, K. Göring-Eckardt, K., Hinz, P., Fraktion BÜNDNIS 90/DIE GRÜNEN: „Bildungspolitische Katastrophe verhindern – Betreuungsgeld eine Absage erteilen". Drucksache des Deutschen Bundestags 16/7114 vom 14.11.2007. https://dserver.bundestag.de/btd/16/071/1607114.pdf

22 Suess, Gerhard J.: *Missverständnisse über Bindungstheorie.* Deutsches Jugendhilfeinstitut e.V., München 2011. S. 9.

23 Vgl. ebd. S. 17.

24 Initiative „SCHAU HIN! Was Dein Kind mit Medien macht." www.schau-hin.info

25 Eliot, Lise: *Wie verschieden sind Sie? Die Gehirnentwicklung bei Mädchen und Jungen.* Berlin-Verlag, Berlin 2010. S. 27ff.

26 Vgl. Kasüschke Dagmar: „Gender im Kindergarten.“ In: Glaser, Edith; Klika, Dorle; Prengel, Annedore (Hrsg.) *Handbuch Gender und Erziehungswissenschaft*. Verlag Julius Klinkhardt, Bad Heilbrunn 2004. S. 364.

27 Smoor, Veronika: *Problemzone Frau. Von einer, die freiwillig zunahm, ihren Glauben befreite und Frieden mit sich selbst schloss.* Gerth Medien in der SCM-Verlagsgruppe. Aßlar, 2021. S. 206

28 Vgl. Stiehler, Miriam: „Die kleine ‚PuBärTät‘ des Vorschulkindes: Der erste Gestaltwandel.“ veröffentlicht am 7. August 2018 auf: *Blog Praxis Förderdiagnostik*. https://www.praxis-foerderdiagnostik.de/die-kleine-pubaertaet-des-vorschulkindes-der-erste-gestaltwandel/

29 Geissler, Sandra: „Geliebt und gebraucht werden.“ In: *Family*. Ausgabe 3/2022. SCM Bundesverlag. S. 22.